Contra el cliché:
genio y técnica en la poesía

Contra el cliché: genio y técnica en la poesía
Primera edición para España: septiembre de 2024

© Julieta Marchant, 2022

© RIL editores, 2024

RIL® editores
Sede Santiago de Chile: Los Leones 2258 • cp 7511055 Providencia
☎ (56) 22 22 38 100 • ril@rileditores.com • www.rileditores.com

Sede Valparaíso: Cochrane 639, of. 92 • cp 2361801 Valparaíso
☎ (56) 32 274 6203 • valparaiso@rileditores.com

Sede España: europa@rileditores.com

Impreso en España • *Printed in Spain*

ISBN: 978-84-10248-20-5
Depósito Legal: B 15054-2024

Julieta Marchant

# Contra el cliché:
# genio y técnica en la poesía

RiL editores

*A Víctor Ibarra B., a quien no dejo de oír*
*cuando se abre el pensamiento*

*Genio / afuera necesitan / Uno.*
SUSAN HOWE

Cuando estaba por terminar de escribir, leí a Lyotard y encontré un párrafo que sintetiza en unas pocas líneas las preocupaciones de este libro: «Boileau toma así el mismo partido que el padre Bouhours en 1671, cuando declaraba que el respeto de las reglas es insuficiente para obtener una obra bella, que además es preciso un *no sé qué* también llamado genio que es "incomprensible e inexplicable", un "don del cielo", esencialmente "oculto" y solo reconocible por sus "efectos" sobre el destinatario».

Y pensé: estoy discutiendo con los vestigios de lo indecible del siglo XVII.

Y seguí escribiendo.

Tal vez podamos volver al cliché. La frase no es mía: es de Anne Carson y me persigue hace un par de años. También me persigue Hölderlin, el poeta al que se refiere Carson cuando dice: tal vez podamos volver al cliché. Hölderlin el escritor, el pensador del poema, el zafado que habla lenguas que nadie entiende, el demente hospedado por un carpintero que se lo lleva de la clínica psiquiátrica a vivir con él, el loco que toca piano a golpes, la cima de la poesía alemana en la punta de una torre. Un genio. Carson se confiesa fascinada cuando interpreta la catástrofe de Hölderlin como un método impulsado por la rabia contra el cliché. La respuesta del genio ante la rabia es la catástrofe, dice. Y piensa la catástrofe como respuesta, porque cree que el cliché es una pregunta. Cuando echamos mano al cliché, tomamos el camino fácil contra la posibilidad de crear algo nuevo: en el cliché está implícita la pregunta «¿no sabemos ya qué pensamos sobre esto? ¿No tenemos una fórmula que usamos para esto?», y nos respondemos sí y nos zambullimos en lo familiar. Al contrario, la resistencia del genio al cliché es la devastación, detona los lugares comunes y a salvo, incluso poniendo su mente en riesgo, piensa Carson.

Pero el genio, hasta el más iracundo, ha caído en otro cliché: el del artista innato. Cómo podemos justificar lo que pensamos del poema desde la teoría de un loco, me dijo alguien en un taller, mientras hablábamos sobre Hölderlin. Yo pienso que el genio es una condición psiquiátrica de ensimismamiento, me dijo una poeta. Para mí, existen los buenos poetas y más arriba están los genios, le oí decir a un editor. Si Hölderlin generó un sistema provocado por la rabia contra el cliché, en su figura habita una enorme contradicción. Como si con los siglos se le hubiera devuelto la rabia, su firma arrastra una larga cadena de clichés: artista iluminado, loco, genio, depositario de un don, vate, fundador. Y, aunque efectivamente un ensayo contra el genio objeta los vestigios del siglo XVII y su recepción en el XVIII y el XIX, el problema no deja de parecerme actual cuando saco el tema en una conversación –que son todas las veces, porque padezco de enormes obsesiones– y todos, absolutamente todos los que están en esa escena, discuten mis reparos contra el genio: es una disposición biológica, es una condición psiquiátrica, es el más allá de la razón, es un don, se trata de un talento con el que naces y que puedes desarrollar o no. Es el frágil, y sin embargo existente, contacto con lo divino, quizá no con dios, pero sin duda con algo que tensiona lo humano, que lo corre de su límite, incluso de su límite mortal: los genios son ilimitados, su firma sobrevive la muerte de la carne.

Antes de insistir en sacar el tema en cualquier lugar que me obligue a salir de casa, apareció de manera involuntaria, guiando procesos creativos en talleres de poesía. Allí, además del problema a la base –¿es posible *enseñar* poesía y, en ese caso, qué se enseña?–, me encuentro cada vez con un segundo asunto: las preguntas sobre el talento y la inspiración, la reticencia de quienes escriben a usar la palabra «técnica» y la intuición de que concebir la poesía técnicamente va en desmedro de la honestidad e incluso de la potencia intensiva del arte. Ese campo de dicotomías, de fuerzas que se buscan y repelen, fue macerando en mí con el tiempo hasta articular un método organizado por la rabia contra el cliché. Técnica versus inspiración, trabajo versus talento, artesano versus genio, artificio versus honestidad: los talleres de poesía, al igual que los poemas y los poetas hablando de poemas, lastran sus propios clichés. ¿Tiene o no tiene dedos para el piano? No saben cómo me fastidia esa pregunta. La molestia no se vincula a estar defendiendo una comarca propia (que es lo que pensamos todos los poetas sobre los demás poetas), sino que posee un horizonte político y también un deseo por el pensamiento. En principio, la figura del genio supone una jerarquía (están los genios por un lado, los viles mortales por el otro), una desigualdad innata y de nacimiento, una especie de destino que no deja de sonar conservador o caduco. Y, a la vez, intuyo que el genio, en cuanto lugar de origen y de llegada, obtura la potencia reflexiva. Opera como una suspensión del pensamiento que, en muchos casos, deviene culto. ¡Ah, pero es un genio! Ese «pero» funciona como objeción —a la crítica— y como imposibilidad —de la objeción que implica una crítica—. Esto es: critico tu crítica porque, en realidad, puedes tener tus reparos, *pero* convengamos en que, a pesar de todo, es un genio. Ceguera del diálogo.

Estas dos dimensiones, la política y la reflexiva, tal vez convergen de alguna manera o tienden a tocarse. Y lo hacen en un punto que quisiera dejar enunciado, y que ha sido más o menos mi respuesta ante cada entusiasta del genio que me interpela mientras yo intento interpelar a la tesis del genio: voy a partir de una opinión. No se trata de si el genio existe o no existe, de si hay gente que nació con un ADN privilegiado, de si estamos reviviendo la Grecia antigua y tenemos un destino, de si dios me tocó con la punta de su dedo inmenso y me regaló un don. La existencia «científicamente comprobable» del genio (les prometo que en estas discusiones nunca falta el defensor de la ciencia) me interesa cada vez menos y, en cualquier caso, *la* verdad del genio e, incluso, la verdad, es algo que no ansío desanudar. Pero parto de una opinión, decía, que es la siguiente: el genio no existe. Me equivoco en las palabras, sin duda, y tal vez se trate de una provocación. Esa opinión, que no aspira al estatuto de la verdad, me convoca en el sentido en que supone una igualdad fértil para pensar el trabajo que hacemos y el trabajo que otros hacen. Si tenemos dedos o no para el piano empieza, desde esta opinión, a ser irrelevante. Si el autor que más admiramos fue o no un genio también comienza a ser irrelevante, en la medida en que deseamos abrir esa obra como un relojero y pensar su funcionamiento, a la vez que nos conmovemos. La opinión que impulsó mi propia opinión es la que Rancière retoma de Joseph Jacotot en *El maestro ignorante*.

Es 1818 y Joseph Jacotot debe enseñarle francés a un grupo de alumnos holandeses. Pero se le presenta un problema: él no sabe holandés y los estudiantes no hablan francés. El maestro, entonces, improvisa: les pasa una edición bilingüe de *Telémaco* y, en lugar de explicarles el funcionamiento del francés, apuesta a que pueden aprender por sí mismos comparando las versiones y teniendo una lengua que conocen, como brújula, y otra que desconocen, como zona a explorar. Contra todo pronóstico —el pronóstico que indica que un maestro debe explicar, guiar y despejar las oscuridades de la ignorancia—, los estudiantes holandeses no naufragan, sino que navegan en el francés. ¿No aprendemos acaso solos, vía imitación, lo que más usamos en la vida: la lengua materna?, se pregunta Rancière o quizá se pregunta Jacotot en la prosa de Rancière. Este hallazgo lleva a Jacotot a extremar sus investigaciones y se ofrece como profesor de materias que no conoce. Enseña piano y pintura, aunque no toca piano ni pinta. La labor de un pedagogo, según su tesis, implica suponer que la inteligencia es igual para todos: su método involucra emancipar esas inteligencias, en vez de explicarles qué hacer y cómo, propiciar un espacio en el cual cada uno haga uso de esa inteligencia para conducir el propio proceso de aprendizaje. Este supuesto (la inteligencia es igual para todos) considera una segunda cosa: nuestro intelecto está en reposo mientras algún estímulo no lo despierte. Si algo lo activa —la urgencia o el deseo—, es posible aprender mediante la fuerza de la voluntad y el trabajo que comporta esa fuerza.

Hasta este punto de la lectura, estaba muy convencida del argumento de Rancière y no dejaba de seducirme la osadía práctica de Jacotot. Pero Rancière guardó para el tercer capítulo un asunto que estaba en los fundamentos del método y que yo, en cambio, estoy replicando al principio: «Nunca podremos decir: todas las inteligencias son iguales. Es verdad. Pero nuestro problema no consiste en probar que todas las inteligencias son

*Suponer que el genio no existe*

iguales, sino en ver qué se puede hacer a partir de esta suposición. Y para ello nos basta con que esta opinión sea posible». Deslizo esto a la figura del genio. Nunca podremos decir: el genio no existe. Es verdad. Pero nuestro problema no consiste en probar si existe o no el genio, sino en ver qué ocurre suponiendo que no existe. Partir desde la inexistencia del genio destraba, por un lado, exigencias divinas para la labor humana y, por otro, nos permite pensar en el trabajo que demanda hacer arte. Regula la ilusión de grandeza, nos regresa a lo mínimo —la artesanía con los materiales, la insignificancia de lo humano y los límites de nuestra mortalidad—, a la vez que empareja el terreno en términos políticos —¿ya no tenemos suficientes desigualdades con las que lidiar para, como si fuera poco, caer rendidos ante el culto al genio?, ¿no vivimos suficientes desigualdades para reservarle la emancipación del arte a una casta privilegiada por nacimiento o naturaleza?—. Entro a esta trama acogiendo esa suposición, la olvido y la recuerdo, mientras voy trenzando distintas hebras sobre el tema.

La teoría del genio, ampliamente difundida en los siglos XVIII y XIX, nos llega vía Kant desde la filosofía. En el edificio teórico kantiano, el genio entraña una disposición innata: no se trata de alguien que porte habilidades que puedan ser aprendidas mediante reglas ni por imitación. Allí se aloja su originalidad, primera propiedad del genio: el arte no se somete a las reglas, sino que «abre una nueva regla que no ha podido ser inferida de ningún principio ni ejemplo precedente». La imaginación −facultad primordial del genio− opera libre de lo que norman los conceptos del entendimiento. Para explicar este asunto, que parece ya de entrada oscuro o que nos deja en el terreno de lo irracionalizable, Kant da un ejemplo que opone al científico (Newton, en este caso) con el genio: Newton podría explicarnos cada uno de los pasos que lo llevaron a construir la arquitectura de su teoría y, con ello, hacerla transmisible y enseñable, pero un poeta (Homero, por ejemplo) no podría explicarnos cómo llegó a componer su obra, cómo en su cabeza se cruzaron ideas, emociones, pensamientos y palabras, «porque él mismo no lo sabe ni puede, pues, enseñárselo a otro». El motivo de esto lo enfatizo por las dudas: el artista no se despliega con las reglas que conocemos y que organizan el mundo, sino que genera su propio esquema mediante la imaginación, es decir, su obra implicaría un edificio regulado por una ley interna (y es lo que escolarmente decimos, por ejemplo, sobre la narrativa: una novela no debe ser real, sino que verosímil, dado que es la creación de un mundo y asumimos, entonces, que no hay *un* mundo o que al menos la literatura nos da acceso a otros mundos); mientras que el científico construiría su teoría aplicando conceptos a impresiones sensibles, mediante deducciones o razonamientos inferenciales. El asunto de no poder enseñarles a otros la poesía proviene de Platón, del *Ion* específicamente, cuando Sócrates reduce la poesía a un don, algo que no puede enseñarse ni transmitirse y el ejemplo que apunta, de hecho, es la obra de Homero. Esto es más o menos lo que, pasando por Kant, se ha fosilizado hasta conformar un cliché.

Hasta acá podríamos pensar: el arte ha sido creado por un genio innato, el arte prevalece ante la figura del científico y hasta del filósofo, pues en él vibra –vibra en el sentido de late, late en el sentido de vive e incluso vivifica y hace temblar– algo que no se somete al entendimiento. El arte porque se vuelve ejemplar no puede reducirse a un ejemplo. Quizá aquí habita la promesa de la infinita singularidad. El ejemplo «es una retirada, una sustracción, (...) un singular que es puesto aparte para presentar algo más grande, más importante, digamos, algo universal», escribe Nancy en *¿Un sujeto?* En su acepción más común, el ejemplo implica una idea general que, mediante casos, se ilustra. En los estudios sobre poesía, ejemplificar suele ser habitual y, de alguna manera, la lectura de aquello nos da la sensación –acaso incómoda, acaso oscura– de una suerte de allanamiento del poema y de sus particularidades. La paradoja del ejemplo: nos conduce a un momento de legibilidad y, a la vez, al ensombrecimiento de eso que queda afuera al ejemplificar (como si apartáramos un órgano para comprender un cuerpo y el resto quedara en abandono o desdicha). Ben Lerner cuestiona que en los ensayos sobre poesía se escriba de la poesía en abstracto y no de poemas. El reclamo suena justo e injusto. Justo porque es cierto, injusto porque pareciera que es posible allí, en la resistencia al ejemplo, leer un cuidado por el secreto, por la singularidad que desgarramos cuando ejemplificamos una idea general mediante un poema particular, por lo que debemos necesariamente expulsar para hacer abstracción. Tal vez intuimos que cuando ejemplificamos una idea con un poema lo que queda afuera es el poema. Que cuando ejemplificamos para darnos a entender, para explicar mediante un poema, lo que nos queda es la explicación y no el poema.

Ningún discurso puede reproducir el poema
el poema ya estaba ahí
antes de que lo discursivo

le cayera encima con el peso de su ley
la ley que intenta legislar una zona fuera de ley
la ley que intenta legislar
la desobediencia del poema[1].

En esta tensión entre el reclamo del ejemplo —al que le tiene menos temor la tradición estadounidense, con sus laboratorios de escritura no creativa y su enorme abanico de ejercicios poéticos— y la sustracción del ejemplo —como conservación de la singularidad, más propia de una tradición francesa que piensa la hospitalidad y lo abierto—, se juega el problema de lo legible y lo ilegible. Que el poema no pueda trasladarse a lo universal, que no se someta a una ley, nos hace experimentar una manera de ceguera, un punto ciego de comprensión.

---

[1] «Escribo (...) como si estuviera cometiendo un crimen», dice Betina González. «Escribir es, ante todo, ser una desubicada. Hay que abrazar esa cualidad, hacerla propia, construir(se) en ella una poética». ¿Cuál es la desubicación? En el caso de González, ser una mujer que escribe. También podríamos ampliarlo y pensar la literatura como un afuera de la ley. Pero me suena demasiado general en este preciso momento y se me cruza con *Emily L.*, de Marguerite Duras, donde la protagonista escribe poemas a espaldas de su pareja, pero él la descubre: «Y el poema estuvo allí, delante de él, manifiesto como un crimen». El Captain quema el poema. El problema: «Aquel poema parecía haber sido escrito para hacer daño al Captain. Peor aún: en el poema se ignoraba al Captain». La herida estaba hecha de indiferencia literaria. La herida estaba allí donde la literatura y la vida no se corresponden. O peor: donde el amado no se encuentra en el poema y le resulta insoportable.

Sigo: el arte, porque se vuelve ejemplar, no puede reducirse a un ejemplo. No hay cómo racionalizar el arte *del todo*, si tenemos una certeza es que una porción se nos escapa, una zona que preserva su oscuridad y resiste, pues, al generar su propia regla –al ser una obra un sistema autónomo y autorregulativo de sus formas–, los conceptos que poseemos para leer y experimentar el arte revelan su insuficiencia. Y en ese momento sentimos que somos insignificantes frente al arte, se manifiesta nuestra impotencia, nos estremecemos y aparece el «no sé qué»: ese poema tiene un no sé qué que me conmueve, que me llama, que me interpela, que me maravilla. Y es lo que podríamos nominar interrupción, probablemente, desde ambos lados (desde el poeta y desde el lector). Este también es el momento en que un académico o un filósofo o quizá un crítico anuncia que «el poema es una interrupción». Interrupción de qué. Una posible respuesta: una interrupción de nuestras facultades.

*La triple interrupción*

Del lado del poeta: en el denso entramado que involucra sentarse a escribir un poema –una secuencia de percepciones intensas, la contingencia, la memoria, ideas que vienen macerando en la cabeza hace un tiempo, el inconsciente y el llamado a escribir (sintetizo con esto muy al vuelo un hermoso párrafo de Denise Levertov)–, hay algo que quien escribe no puede explicar: ¿fue llamado, exigido incluso, por el poema? –«Cuando no escribo, al dejar de escribir, blanco en el blanco de los cuadernos, las cosas, como animales, me tiran de la ropa, me rasguñan», recuerdo a Guadalupe Santa Cruz–. Si se escribe al calor de la emoción, en una inmediatez, es posible que la escritura haya tironeado, que arremeta como un impulso vital, difícil de desanudar mediante la razón o que intuimos de otra naturaleza. Y aun si el poeta se sienta, en una decisión voluntaria, a escribir, tomando distancia de la emoción y buscando una reconstrucción templada, a medio camino de la escritura puede experimentar un clic que abre una ventana que lo dispara fuera del campo planificado. Tamara Kamenszain en una entrevista confesaba su gusto por la buena crítica literaria porque registra lecturas de sus propios libros que ella no fue capaz de ver. Nuestros poemas están poblados de trazos, estrías y pliegues que ni nosotras mismas leemos o que nos resultan inexplicables; en alguna medida, somos ciegas ante lo que escribimos (somos quizá equilibristas, los ojos fijos hacia delante, la barra firme en las manos, no mires abajo, aunque has trabajado toda una vida para permanecer arriba, es decir, el abajo te constituye y, como dice Pizarnik, déjate caer). O llevándolo a Kant de nuevo: Newton puede explicarnos el curso de su teoría

—el camino que trazó para llegar a tierra firme, mediante islas del conocimiento alcanzó tierra—, pero Homero no puede explicarnos el curso de su obra —quizá porque no saltó de isla en isla: se lanzó al agua—. Ahí se interrumpe algo del sistema cognitivo del poeta, un algo indeterminado que viene de otro lugar (inspiración, musa, inconsciente, genio: la interrupción ha sido nominada de distintas maneras en la posibilidad de una obra artística).

Ahora del lado del lector: leemos un poema que nos deslumbra y nos genera placer o quizá desazón (tal vez el poema nunca nos hará felices porque no se corresponde con el mundo o porque no se corresponde con la idea de poesía que atesoramos[2]), vemos en él una capacidad singular de ser orgánico, o percibimos su exceso debido a una sintaxis arrolladora, o subrayamos versos particu-

---

[2] Para Lerner, «el poema es siempre el registro de un fracaso», porque, por un lado, está el poema virtual (la poesía con mayúscula, el ideal) y, por otro, el poema real, «el cual traiciona necesariamente dicho impulso cuando ingresa al mundo de la representación». Por un lado, lo que deseamos hacer; por otro, lo que podemos hacer. «La Poesía no es difícil, es imposible», escribe Lerner, que es una manera de decir que el ideal no tiene cabida en el mundo, dados los límites del lenguaje —el poema real—. Pero existe una manera menos pesimista de verlo: para Kant, las ideas son propias de la razón (en ese sentido, no se vinculan al mundo sensible ni pueden ahí tomar cuerpo, igual que en el caso de la Poesía para Lerner), sin embargo, operan como sistema regulativo de lo práctico (el mundo sensible, el poema real). Mi interpretación es libre y tengo un punto: tener altas ideas de la poesía nos empuja a escribir altos poemas. Si no tenemos esos ideales, esa virtualidad, ¿qué guía nuestro hacer?

larmente intensivos por las palabras que lo componen, lo juzgamos preciso en la elección semántica, o notamos su cadencia y el modo que tiene de generar un ritmo, y tomamos apuntes y anotamos al margen, lo sometemos a los conceptos que conocemos (intensidad, composición, organicidad, sintaxis, semántica, ritmo, concentración), pero al hablarlo con otro nos cuesta explicar esa experiencia de lectura o puede incluso ocurrir que el otro no ve lo que nosotros sí, de hecho puede (es altamente probable) que al otro no le parezca excepcional ese poema. O puede que sí, pero que perciba matices que nosotros no. Y entonces hablamos del poema y comparamos apreciaciones, leemos críticas sobre ese autor y atesoramos ese poema independiente de lo que diga el otro o el crítico porque sentimos un no sé qué: puedo justificar racionalmente varios aspectos del texto aunque algo más allá o más acá me apuntala y me conmina, y experimentamos una indisponibilidad en el lenguaje para decir qué es (una indisponibilidad del discurso para capturar eso del poema que se escapa de lo discursivo, que está más allá o más acá de la idea, del argumento, de la explicación o del ejemplo). O sea, nuevamente nuestro aparato conceptual se revela insuficiente para sintetizar la experiencia de lectura.

Algo ha sido interrumpido para el poeta.
Y también para el lector
en el curso del poema.

Hay una tercera interrupción, que la dejo enunciada: la interrupción que genera la poesía en el lenguaje mismo, lo que la poesía le *hace* al lenguaje y que resulta posible pensar como una dislocación del sistema comunicativo. Hacemos uso del lenguaje para comunicarnos, sin embargo, la poesía —que posee como material el lenguaje— tuerce el concepto de uso. Y allí habita la complejidad de lo poético y posiblemente su potencia: cómo el poema se ubica en un borde de la lengua y conforma un límite. Me parece necesario tener eso presente, el poema como límite, considerarlo cada vez, con cada aproximación a la poesía. La manera en que extrema nuestras capacidades y ensancha, mediante la imaginación, el pensamiento o su potencia y la arquitectura del lenguaje mismo. Esa es la parte que en lo personal atesoro de la poesía, ese fulgor.

Sin embargo, esto tiene un revés y un riesgo: puede volverse un descanso y una forma de pereza. Ya que de la poesía puedo decir tan poco, simplemente *la consumo* o bien me quedo en una superficie, sin labrar esa interrupción en cuanto apertura al pensamiento y remezón de la sensibilidad. O bien, desde el lado del poeta: estoy a la espera de ese momento de interrupción, del chispazo; y si no

*Sentir
no basta*

llega, no hay mucho que hacer pues no depende de mi voluntad (el mundo está lleno de poetas que no escriben, a la espera de algo. Hace unos meses escuchaba a un escritor decir que Horacio Oliveira era un vago total: generaciones enteras se han deslumbrado con la inacción). El cliché sobre el genio colisiona con la concepción del oficio y de la poesía como quehacer: la pregunta del quehacer –*qué hacer*–, que involucra un impulso a una actividad, puede volverse un *qué hacer* en un gesto de elevar los hombros y resignarse. Vuelvo a Levertov: el poeta, despierto por la exigencia del poema, contempla y medita, y también cavila o queda ensimismado, boquiabierto ante el mundo. Levertov vincula este quedar boquiabierto ante la intensidad de una exigencia escritural con la inspiración: *respirar hacia adentro*. No obstante, romantizar la escena queda corto: bien podemos estar boquiabiertos, el mentón baja o se cae ante la intensidad, ingresa aire por la boca y ese instante intensivo puede perderse en los recovecos del sistema respiratorio y volver al mundo como una exhalación mortuoria –inspirar implica la contracción del diafragma; exhalar, su relajación; y la exhalación o espiración debe estar también atenta a la próxima contracción para no volverse *expiración*, es decir, muerte–. «Vivir no basta, todo el mundo vive. Sentir no basta. Todo el mundo es sensible. La experiencia no basta. El discurso sobre la experiencia no basta. Para que haya un poema», escribe Meschonnic.

Nietzsche remarca esta atención cuando escribe sobre la conciencia del oficio: «Guardaos de hablar de dones naturales, de talentos innatos. Pueden citarse grandes hombres de todo género bien mal dotados. Pero *adquirieron* la grandeza, se hicieron "genios" (como se dice), por medio de cualidades, cuya falta no quiere uno señalar sino cuando las siente en sí: tuvieron todos la conciencia de los artesanos, que comienzan por aprender o conformar perfectamente las partes antes de arriesgarse a hacer un gran conjunto. Se dieron tiempo para eso, porque sentían mayor placer en el perfeccionamiento del detalle, de lo accesorio, que en el efecto de un conjunto deslumbrante». Más que nacer genios, se trata de *hacerse* genios. Se adquiere algo en el trabajo con el detalle, con lo mínimo, se afinan los sentidos y el movimiento no es desde la grandeza (lo divino o lo innato) a lo pequeño (lo humano y una obra concreta), sino al revés: de lo ínfimo a lo grande, de lo que compone una obra a la composición misma, de los materiales al poema. Nietzsche es más radical aún cuando habla de la creencia en el genio como una niñería de la razón, un disparate y una manera de pereza: «El genio no hace más que aprender a colocar las piedras y enseguida construir. Toda

*La conciencia de los artesanos*

actividad humana está complicada con el milagro, no solamente la del genio; pero no hay tal milagro (...). Los hombres no hablan intencionalmente de genio sino cuando los efectos de la gran inteligencia les son muy agradables, y no quieren experimentar envidia. Llamar a uno "divino", vale tanto como decir: "Con este no podemos compararnos". En resumen: todo lo que es definido, perfecto, excita la imaginación, todo lo que está en vías de realización despreciable. El arte acabado de la expresión descarta toda idea de llegar a ser; se impone tiránicamente como una perfección actual». La diferenciación kantiana entre el científico y el genio en Nietzsche no tiene lugar: en ambos casos se trata de una labor, de un trabajo. Con ello despeja el problema del milagro, de lo divino, y sobre todo del culto, que signaría una operación que hacemos los mismos seres humanos como excusa y así ajustamos la propia medida de lo que es posible o no hacer. Lo que piensa Nietzsche involucra un cuidado por el proceso. En el culto al genio, vislumbra un desprecio hacia lo inacabado, lo que está abierto haciéndose –hace figura y se desajusta, vuelve a acomodarse y agarra forma, se estrecha y se dilata otra vez–. Un desprecio a la indeterminación. Objeta lo inmóvil, la perfección como puro resultado y la tiranía del presente. De allí viene su noción de *hacerse genio* en vez de *na-*

*cer genio:* se trata del tiempo de una labor que, de hecho, se toma su tiempo y que requiere de un espesor temporal para macerar.

Hartmut Rosa lee el problema del genio desde la modernidad: el arte, en su proceso de emancipación y en el reforzamiento de su carácter de autonomía, ocupó el espacio que en el pasado tenía la religión. La fuerza del arte aquí posee un carácter religioso y es en la figura del genio donde podemos leerlo, como si hubiésemos intercambiado lo divino con el genio dejando una zona de indisponibilidad absoluta, fuera de lo humano: «La concepción moderna del arte se apoya en' la convicción de la indisponibilidad fundamental del momento artístico. Contra la idea de que el arte proviene de la "habilidad", es decir, de la técnica practicada y preparada y la capacidad correspondiente –que en principio aparece como disponible y utilizable a voluntad–, la concepción moderna del arte se basa esencialmente en la idea de que va más allá de la disponibilidad de la técnica y de la capacidad». Esta indisponibilidad es lo que hemos venido enfatizando: el arte no dependería de la técnica o de los momentos que hemos ocupado en perfeccionarla y limarla, sino que hay un *más allá* fuera de nuestro control, no se trata de una práctica. Una de las tesis de Rosa es que, en realidad, no es pura indisponibilidad –un llamado externo que sufre el poeta para escribir y que no sabe ni de dónde viene ni cómo administrarlo– ni pura disponibilidad –una voluntad absoluta ante nuestras capacidades y habilidades para componer–, sino un diálogo entre el sujeto capaz y formado y esa fuente o fuerza que se le enfrenta o lo llama. Por ello, y acá retoma algunas nociones del romanticismo alemán, lo que ocurre es una dialéctica entre conciencia y embriaguez. El hilo que quisiera seguir, no obstante, tiene que ver con cómo el cliché del genio ha desplazado el asunto de la conciencia y la atención a las propias capacidades y el *hacerse*, lo que podríamos rastrear en el origen de la palabra.

«Genio» proviene de «Genius», el dios que, en la cultura latina, tutela a cada hombre desde su nacimiento. «Genius era de alguna manera la divinización de la persona, el principio que rige y expresa toda su existencia», escribe Agamben. Se trata de un dios personal, que nos acompaña durante toda la vida, que está en nosotros, pero que no podemos dominar: «Comprender la concepción del hombre implícita en Genius significa entender que el hombre no es solamente yo y conciencia individual, sino que más bien desde el nacimiento hasta la muerte convive con un elemento impersonal (...). Es, por lo tanto, un ser único hecho de dos fases». Nuestra vida sería un diálogo y también un enfrentamiento entre eso que conocemos (el yo) y lo que siendo parte de nosotros no nos pertenece y es imposible de modelar. Me parece interesante la manera de Agamben de leer el problema, pues piensa que «el estilo de un autor, como la gracia de cada criatura, dependen (...) no tanto de su genio, como de aquello que está privado de genio, es decir, de su carácter». Un vaivén entre genio y carácter, que es, más o menos, lo mismo que indicaba Rosa: un diálogo –un *acto de equilibrio incontrolable*– entre el sujeto y el llamado, entre la conciencia y la embriaguez, entre el carácter (la manera en que nos alejamos de Genius, de su dictamen, y huimos de aquello que no nos pertenece) y el dios que nos acompaña.

Antes de pasar a la técnica, una pequeña intuición: en estas discusiones sobre el genio y lo elevado, y el artista innato, depositario de un don desde su nacimiento, como poeta mujer solía (y suelo) leer el asunto en clave batalla de testosterona. Me causó gracia y además un secreto regocijo el momento en que Virginia Woolf se ríe, en *Orlando*, de este tema: «El genio funciona más bien como un faro, que envía un rayo y se detiene por un tiempo; salvo que es harto más caprichoso y puede proyectar seis o siete rayos seguidos (...) y después extinguirse durante un año o para siempre. Por consiguiente es imposible guiarse por esos rayos, y parece que los hombres de genio, cuando están apagados, son como los demás». Y la protagonista de *Orlando* sabe bastante de eso: después de haberse esmerado en rodearse de genios, en las tertulias que tanto le entusiasman se da cuenta de la ridiculez, lo artificioso y lo vano de la vida social de los intelectuales. Devanea entre la total devoción y la decepción absoluta, mientras el narrador relata las escenas con una ironía finísima. Incluso se hace de un cuaderno para anotar los dichos memorables de estos genios de los cuales se rodea, «pero las páginas quedaron en blanco». Esta intuición, con absolutamente ninguna base teórica, se me volvió a disparar cuando leí en Agamben que «cada ser humano varón tenía su propio Genius y cada mujer tenía su Juno, ambos manifestaciones de la fecundidad que genera y perpetúa la vida», es decir, y acá jugando con las palabras, cuando Agamben repite y repite la palabra «hombre» en su capítulo sobre Genius o cuando Woolf dice «los hombres de genio» (o quizá es Borges quien lo tradujo así: otro hombre), estamos verdaderamente ante un acontecimiento de hombres. No sé a ustedes, pero a mí como mujer más que decepcionante me parece estimulante no tener un Genius.

Retomo: existe, en todo caso, una precisión en la tesis del genio que anota Hegel y que podría servir de bisagra entre Kant y Nietzsche: el genio es innato (acá Hegel piensa lo mismo que Kant), aunque requiere de un tiempo de maceración para que emerja su genialidad (acá se une con lo procesual en Nietzsche): «El genio fermenta y bulle en la juventud (...), pero solo a la edad madura y a la vejez corresponde la producción de la obra de arte en su verdadera madurez y en su perfección». En Kant también hay lo que podríamos llamar un desarrollo del genio, pero Hegel es más preciso en ese punto. A pesar de ello, y de que Hegel ve en el genio no solo una magistralidad natural sino que también se trata de quien aprende rápido la ejecución de la técnica –de lo cual se infiere la necesidad de un proceso de aprendizaje–, lo que posibilita la genialidad es ese Genius con el que nacemos, independiente del esfuerzo o de la voluntad: «Esta disposición natural, que el artista encuentra en sí mismo, debe sin duda desarrollarla mediante el ejercicio para llegar a una habilidad perfecta; sin embargo, (...) la habilidad simplemente adquirida no puede llegar a producir una obra de arte realmente viva». Lo delicado de esta aseveración implica lo que apunta Nietzsche y que podríamos tensar un poco más: es como si en Hegel y en Kant el proceso diera más o menos lo mismo; incluso asumiendo que se necesita de un desarrollo del genio, la base para ese desarrollo es haber nacido genio. Sin ese *a priori* cualquier gesto queda corto.

¿Y el camino y el trayecto dónde quedan? Un determinismo funda estas premisas, como si el trayecto contara para unos pocos privilegiados –no me parece licencioso en este punto hacer una nota al pie mental de cómo la figura del genio prevalece en clases altas y entre varones; en cualquier caso, si les parece una licencia, me la tomo[3]–.

Si nos apegamos a la tesis del desarrollo del genio, un surco a pensar sería qué debiera hacer durante esa vida –entre el nacimiento y la madurez– quien posee en sí una latencia de genialidad y que, justamente por su estado de incubación, requiere perfeccionarse para que llegue a ser y agarre cuerpo. Una respuesta tentativa: aprender de técnica. En este momento vuelvo a permitirme una digresión, dado que me parece indispensable aclarar que ni para Kant ni para Hegel todo arte está elaborado por un genio. Creo inevitable anotar esto, porque para despejar el nudo sobre la

---

[3] Y voy a hacer también una nota al pie real: cuando esto parece una casta. Escribe Kant: «El producto del genio (...) es un ejemplo, no para imitación (...), sino para la sucesión por otro genio, que a través de aquel es despertado al sentimiento de su propia originalidad». Esta comunicación misteriosa entre los *favoritos de la naturaleza*, como les dice Kant, involucra una reunión de genios por sucesión. No se trata de escuelas o enseñanzas –aunque eso también existe *para otras buenas cabezas*, que son buenas pero no alcanzan para genios–, sino de cómo un genio despierta en el siguiente una singularidad y así sucesivamente.

técnica voy a olvidar el tema del genio. (O, como dice Woolf, la genialidad es una enfermedad erradicada). Digo que voy a olvidar el tema del genio cuando, en realidad, el impulso para escribir sobre técnica ha sido justamente el cliché del genio o de la genialidad que nos aplasta y sofoca con su exigencia. Quizá no voy a olvidarlo, pero sí lo haré a un lado como terreno infértil para pensar el oficio con el lenguaje.

Vuelvo a Hegel entonces, incluso pasando por encima de su tesis sobre el genio. En las *Lecciones sobre la estética*, puede leerse una aproximación bastante precisa sobre el arte: el poema es la batalla entre idea y forma. Desde esta lucha, Hegel analiza el arte simbólico, el arte clásico y el arte romántico y puntualiza la relación que cada uno, no siempre en estado de equilibro, mantiene entre idea y forma. El nacimiento del arte ocurre cuando el ser humano busca maneras de expresar concepciones abstractas, mediante la imaginación. Con este cruce Hegel tuerce la oposición entre idea y forma o lo que en la lengua común llamamos, cuando hablamos de literatura, la relación entre fondo y forma: «Si las formas del arte encuentran su principio en la idea que manifiestan, esta, a su vez, no es la idea verdadera, sino cuando se ha realizado en sus formas. (...) Es, por tanto, indiferente que consideremos el progreso en el desenvolvimiento de la

*La batalla entre idea y forma*

idea, o en el de las formas que la realizan, puesto que estos dos términos están estrechamente unidos entre sí, y la perfección de la idea como *fondo* aparece también como perfeccionamiento de la forma». No existe la idea por un lado y la forma por el otro, sino que la idea *aparece* desde la forma. La condición de la idea en el arte es que haya una forma o, de lo contrario, no tendríamos acceso al poema como objeto que leemos y vemos en una página cuando abrimos un libro.

Pensemos ahora este problema desde una mirada más contemporánea. En *Sentido y ceguera del poema*, Mario Montalbetti bordea exactamente lo mismo cuando escribe que «el poema es el arte de decir lo que solamente se puede decir. / Ni más ni menos. / Ese es el límite absoluto del poema / decir lo que solamente se puede decir, // lo que, por lo tanto, no se puede ver en ningún sentido». Leyéndolo desde Hegel: lo que no se puede ver en ningún sentido (la idea), lo que solamente se puede decir (lo que compone el poema y sus palabras que, como sabemos, no son las cosas del mundo sino sus nombres). En este sentido, el poema es una emergencia en el lenguaje, al interior del lenguaje o, escribe Montalbetti, «una forma de emergencia, de salir de la nada / a la inmanencia del mundo». En el mundo material, no había nada (puesto que las ideas no pertenecen al mundo material) y de pronto hay un poema (que es una materia, una forma o una figura[4]).

*Lo poético versus la poesía*

Paul Valéry explica esto mismo intentando desarmar, como yo, un cliché, y para ello toma dos acepciones de la palabra poesía. La primera designa un conjunto de emociones, un estado emocional específico, producido por algún objeto o situación. Así, por ejemplo, afirmamos que un atardecer es poético o que un animal salvaje lo es, lo decimos a veces adjetivando una escena o incluso una persona, y esa manera de nombrar lo poético se ha endurecido en la lengua común hasta generar un cliché. Aseveraciones como «la poesía está en todas partes» pueblan el mundo (lo confirmé buscando en Google y las entradas nos llevan desde Van Gogh hasta Silvio Rodríguez). Varias veces haciendo talleres he tenido que responder esa pregunta –¿pero la poesía no está también en todas partes, mirando el océano o cuando aparece un bicho que aletea y se nos posa en un brazo?– y, para responderla, me voy a la segunda acepción que anota Valéry: la poesía se trata de un arte «cuyo objeto es reconstituir esa emo-

---

[4] Hace varios años tengo una obsesión con dos versos de George Oppen: «Tu codo en el borde del coche / Incógnito como el verano». Y, en un estado absurdo, busqué fotos de Mary, el amor de toda la vida de Oppen, para mirar ese codo. Pero el codo no podía estar ahí: estaba en el lenguaje. Ese codo no se puede ver en ningún sentido y dice lo que solamente se puede decir.

ción que designa el primer sentido de la palabra. Restituir la emoción poética a voluntad, fuera de las condiciones naturales en las que se produce espontáneamente y mediante los artificios del lenguaje, tal es el propósito del poeta». Que tengamos sentimientos intensos, tristezas ilimitadas, vastas inundaciones emocionales, no es un pasaje gratuito al poema. La reconstitución de esa emoción es voluntaria, no tiene que ver con un gesto natural y espontáneo, una especie de embriaguez absoluta que nos lleva a abrir el computador y a componer hermosos poemas que luego conmoverán a los lectores. Quizá el mundo esté colmado de instantes poéticos, de momentos que nos estremecen y arrastran, que nos someten a un régimen de belleza terrible que nos deja boquiabiertos, que interrumpe y perfora nuestra sensibilidad.

Pero eso no es un poema

y ni siquiera estoy dispuesta a afirmar

que sea la condición y el origen de todo poema.

He leído poemas colmados de clichés que surgieron de una intensidad emocional rotunda y poemas singulares que surgieron de ejercicios concretos que aconsejé en taller para salir del cliché. Es decir: siéntate al computador con tal consigna en mente. Y se sentaron y escribieron un poema con un marco de sentido previo y, en el proceso, emergió algo que no estaba en los poemas anteriores y que no podría aseverar que se trate de una reconstrucción de un sentimiento anterior, sino que podría incluso tratarse de algo que apareció *en la escritura*, es decir, que idea y forma tampoco necesariamente responden a un origen y a un resultado, respectivamente, sino que también pueden ser intercambiables (tengo clara una forma y, escribiendo, aparece una idea) u ocurrir en el mismo instante, conjugadas, en el momento en que pongo los dedos en el teclado. Y ese proceso que signa la escritura del poema está atravesado por una red de decisiones, unas más conscientes y otras menos, que poco tienen que ver con la naturalidad pura porque son, *de facto*, decisiones (ahora mismo, por ejemplo, mientras escribo puse «de hecho» y lo cambié por «de facto», irrelevante o no es una decisión).

No obstante, el cliché indica que la poesía debiese ser espontánea, honesta y genuina, como si su legitimidad, y también su posibilidad de ser sentida en la lectura, proviniera de una organicidad entre quien escribe (el yo) y lo escrito (el poema). Y entonces afirmamos que la técnica resulta necesaria (que es lo que piensan los teóricos sobre el genio), pero que el poema no puede enmarcarse en la técnica, puesto que eso sería artificial, ahí donde el poeta debiera ser innato. Este enlace entre técnica y artificio ha fermentado en el imaginario común, que descarta lo artificioso por negativo, que lo acusa de impostura y que se eriza cuando escucha «técnica», asumiendo que lo técnico reduciría el arte a un sistema automático de combinatorias. Y yo me erizo contra el cliché cuando acompaño procesos escriturales y enseño técnica y en un punto alguien me dice: «Escribí pensando en la técnica que hemos aprendido, *pero* (subrayo este pero) intentando conservar la emoción». Confesión bastante común, por lo demás, que sugiere que la técnica va en desmedro de la emoción o de la intensidad, que se anulan entre sí. Este es el momento en que me erizo porque pienso en diagonal: la técnica no va a contramano de la emoción, sino que la técnica es la manera en que conducimos y regulamos esa intensidad, la hacemos estallar, o la intensificamos, o la reducimos, o la modulamos. Sin esa manera, que encarna cómo trabajamos el lenguaje y sus materiales, no habría poema, pues no existiría una forma. Sin esa manera, la intensidad se quedaría obturada en el cuerpo del poeta, invisible para nosotros. O, como afirma Silvio Mattoni en *Tekhné*, «la técnica es un requerimiento del entusiasmo». ¿Qué significa este requerimiento o cómo lo experimenta quien escribe? Dice Mattoni que «cuando el sentimiento del poema se escapa de su propia forma y, en el caso extremo (...), no puede escribirse, cuando el poe-

*Sin técnica
no hay poema*

ma, por lo tanto, fracasa, solo la reflexión puede rectificar ese estado y devolverle cierta consistencia». Cuando escribimos ciegos y desesperados, removidos por una intensidad, suele ocurrir que el poema se nos escapa o se desbanda arrollado por ese yo conmovido y, entonces, requiere de la sobriedad que ataja el ímpetu, se distancia y reflexiona para reconducir el hacer figura.

Este modo de explicarlo, sin embargo, asume algo: el entusiasmo como motor escritural. Una idea que suele merodearme al acompañar a otros en sus procesos creativos es que hay algo imposible de enseñar: el deseo. Ese entusiasmo —el deseo a la base del poema— probablemente implica una red más opaca que unas sesiones en talleres de poesía y, cuando veo a personas que abandonan procesos a medio camino o que se esfuman, en general mi intuición para explicar esas bajas no tiene que ver con el talento, el genio o la falta de ellos, sino con la carencia de deseo. Quizá lo que no puede enseñarse es a desear o cómo desear, hálito fundamental para darle impulso al poema —«colocar nuevamente en el centro de la lírica el deseo», escribe Alicia Genovese en *Leer poesía*—.

Veamos el ejemplo contrario al que da Mattoni: cuando no nos vemos movidos por el deseo, y nos sentamos en modo automático a escribir, jugamos con algunas palabras, buscamos sinónimos y antónimos, revisamos referencias en libros, hasta que de pronto una sílaba, un sonido, una oración dispara el deseo. Si el deseo no se dispara (ahí es cuando la técnica está solicitando al deseo) o si la emoción pasa encima de la posibilidad de articulación (ahí es cuando el deseo está solicitando a la técnica), probablemente el poema *no puede escribirse*. Emoción y técnica cohabitan, y una de las labores del poeta involucra mantenerlas en un inestable equilibrio, pero en la misma cuerda. La manera en que nos llega esa cohabitación es el poema, que en sí mismo es una técnica y un modo de irrumpir en el lenguaje que cotidianamente usamos para comunicarnos. El poema, si se escribe, lo hace en una compleja dialéctica entre entusiasmo y sobriedad, entre intensidad emotiva y reflexión técnica.

Genovese, que ha escrito en defensa de la emoción, y Mattoni, que ha escrito en defensa de la técnica, llegan al mismo punto desde miradas, entre comillas, opuestas (incluso desde los títulos de sus ensayos: *Sobre la emoción en el poema*, en el caso de Genovese, y *Tekhné*, en el caso de Mattoni). Y ese vértice es la interrelación entre emoción y técnica, con un énfasis en la intensidad, en una, y en la forma, en el otro, como diciendo: el entusiasmo es un requerimiento de la técnica (Genovese) y la técnica es un requerimiento del entusiasmo

*Sentir/pensar*

(Mattoni) y que manifiesta, en el fondo, lo que quisiera decir: dudo que haya poesía puramente emocional o puramente técnica, no están la emoción por un lado y la técnica por el otro, ambas fuerzas se solicitan: «Así como el pensamiento puede dar valor a una emoción, una emoción puede validar la lucidez del poema», intuye Genovese. La escritura, en palabras de Levertov, revela un proceso de pensar/sentir, sentir/pensar.

Extremando el argumento un poco más: el lenguaje, en sí mismo, es ya una técnica. Y acá me apoyo en Wittgenstein: «Entender una oración significa entender un lenguaje. Entender un lenguaje significa dominar una técnica». Esto es básicamente lo que hacemos todo el día en automático: nos decimos cosas, nos preguntamos cómo estás, nos pedimos favores, recomendamos libros, comentamos situaciones de lo cotidiano, hablamos de política y de amor. Y lo hacemos con otro. Eso, en términos generales, manifiesta que compartimos un sistema de normas y reglas que nos permiten comunicarnos. No se trata de que las palabras se correspondan con las cosas y que haya un lenguaje enteramente lógico (si fuera una correspondencia perfecta, ¿estaríamos entonces hablando de naturaleza?), sino de una convención. Un hábito. El hábito es una práctica activada por la gente e implica la participación de la comunidad que vivifica la estructura –acá parafraseo a Hegel–: sin hablantes la regla estaría muerta y la lengua también. Requiere de nuestra participación aunque sus normas no nos pertenecen –al contrario, nos superan: están antes de nosotros y después– y esa participación signa un hábito –si estuviera todo el tiempo y cada vez pensando si seguir o no las reglas del castellano, ¿podría acaso hablar o escribir?–. Todos dominamos una técnica y esa técnica se llama lenguaje. Se nos enseña, se nos corrige también, se nos educa en torno a ella y la practicamos a diario. No quisiera trasladar lo de Wittgenstein al poema llanamente, al modo de «entender una oración significa entender un poema». Podríamos pensar el poema en cuanto descondicionamiento del hábito, pero sigue en la técnica –como perforación de la técnica (una irrupción) o como deconstrucción del poema (un movimiento que ocurre desde el interior)–. Si vemos el lenguaje como técnica, ¿hay un afuera de la técnica en el poema? Mi intuición es que no. El conflicto parece ser la carga negativa de la palabra «técnica» como reproducción zombi y mecánica, y que nos recuerda los mecanismos violentos que hemos desplegado para domesticar la naturaleza. Podríamos, además, echar en falta eso que excede a la técnica en el poema: un residuo, su desen-

*Un afuera de la técnica*

freno e incluso su violencia. Esto lo bifurcaría en dos asuntos que desplegaré muy brevemente, quizá como provocación: lo sublime (que ha sido un modo de nominar el exceso) y la energía pura o prepoemática (lo que le da impulso vital al poema y que perseguimos desesperadamente para lograr *capturarla* al momento de escribir).

Sobre lo primero: Kant despeja el problema cuando afirma que lo sublime no es una cualidad del objeto, sino algo que le ocurre al sujeto: «Nos expresamos de una manera absolutamente incorrecta cuando llamamos sublime a cualquier *objeto de la naturaleza* (...). Lo auténticamente sublime no puede estar contenido en ninguna forma sensible». Para afinar la idea, agrega que lo «sublime es aquello cuyo solo pensamiento da prueba de una facultad del ánimo que excede toda medida de los sentidos». Dado que lo que se nos presenta es inmenso –*de una magnitud que es igual solo a sí misma*– y no conforme a fin –*desprovisto de forma, en la medida que es representada la ilimitación*–, nos hace experimentar un placer negativo que genera admiración o respeto, que atrae y repele y que violenta nuestro sistema cognitivo (la violentada es la facultad de la imaginación, que intenta sintetizar lo que se nos presenta al infinito y que se desgarra en ese intento). La discusión sobre esto es muy larga y se divide entre quienes piensan la subli-

midad como técnica (lo sublime está en el objeto) y quienes la piensan como facultad del ánimo
(lo sublime está en el sujeto). Me quedo al lado de
Kant en esta pasada incluso como estrategia (y no
olvido que, aunque Kant no lo ve como una propiedad de la experiencia artística, una enorme corriente de la estética se ha dedicado a trasplantar
esta idea al arte).

Sobre lo segundo: en *Una poética activa*, Power
se detiene en cómo Ezra Pound intenta hacer del
poema un golpe de energía, una intensidad llevada
al máximo nivel. El núcleo de esto es la imagen en
cuanto «vehículo de la intensidad de la experiencia», y Pound se esforzaba en no desperdiciar la
energía con descripciones superfluas o innecesa-
rias, su deseo era controlarla y transmitirla a la manera de una sacudida o un embate: «En el arte, lo
que importa es un tipo de energía, algo más o menos parecido a la electricidad o radioactividad, una
fuerza que trasmina, suelda, unifica. Una fuerza
como la del agua cuando salta a chorros a través de
la arena resplandeciente y la pone en rápido movimiento», escribe Pound. Para graficar esto, Power
cuenta una anécdota: en el año 1911, en París,
Pound sale del metro en la plaza de la Concordia
y ve una cara hermosa y luego otra y otra y otra.
Intenta capturar la intensidad inesperada de esa
imagen, pero no lo logra. Escribe varias versiones

del mismo poema, aunque presiente que ninguna posee la potencia necesaria. El poema final, titulado «En una estación de metro», está compuesto por dos versos y le toma un año escribirlo: «La aparición de estos rostros en la multitud, / pétalos en una húmeda rama negra». Un año: dos versos. La experiencia vital, la emoción que siente a la salida del metro, fue motor para la escritura. Pero esa experiencia no es el poema, comporta un impulso al que podemos o no darle escucha y al que podemos darle escucha de muchas maneras (ejemplo de ello: la cantidad de versiones que escribió Pound). ¿Necesitamos la explicación de Power para aproximarnos al texto? ¿Requerimos esa referencia vital para leerlo? «Si volvemos a considerar el estado anímico previo a la idea poética, aquella disposición que no significa y es puro impulso, veremos que no solo es un momento de no conocimiento, sino que tampoco es momento artístico alguno», afirma Javier Arnaldo. Es posible que esa experiencia sea primordial para quien escribe, pero en la escena de lectura del poema hay una cosa más significativa: el poema mismo. Dejaría, entonces, el impulso vital del lado del escritor y lo sublime del lado del lector; ambos pueden sentir una nostalgia por una u otra cosa, pero lo que nos queda sigue siendo el poema.

La anécdota de Pound me lleva a extremar el argumento anterior, que juega con la idea de que

El poema es un
trabajo: un año,
dos versos

el lenguaje es una técnica, por lo cual el poema
sería una técnica, y llevarlo a que el poema es un
trabajo. Poco tiene de espontánea la escena de
Pound escribiendo «En una estación de metro».
Ante las múltiples versiones que no portaban la
intensidad necesaria —ni transportaban, es decir,
conducían, como un cable de cobre conduce la
electricidad—, estuvo adherido un año para llegar
a dos versos. La intensidad quizá fue frenética y
disruptiva en la vida, pero en la escritura se trató
de una labor. Como ocurre con la palabra «técnica», decir «trabajo» al referirse al poema con-
funde. El término está cargado no solamente por
la explotación de la naturaleza —como pasa con
la técnica—, sino también por la explotación de lo
humano. Dos explotaciones, además, íntimamen-
te enlazadas. Pero si el arte crea nuevas formas,
como piensa Rancière, y en ese sentido se hunde
en la experimentación, comporta un esfuerzo: el
de crear. Diríamos con Kant que la facultad cen-
tral aquí es la imaginación, facultad que obra en lo
múltiple (lo sensible) para presentarlo y darle una
forma. La imaginación es una trabajadora, tal vez
la facultad más laboriosa en el edificio kantiano.
Mirado de otro ángulo: a lo mejor habría que dife-
renciar el trabajo del obrero del trabajo del artista.
Entre el tiempo de la explotación y el tiempo del
descanso, podría haber otro tiempo a pensar: el

del arte. El artista puede elegir en qué cansarse, el obrero está forzado a cansarse, diría Rancière. Y se me ocurren algunos reparos, como este de Tabarovsky en *Literatura de izquierda:* «Las expresiones que usan son por lo demás curiosas: están "trabajando" tal autor, lo están "pensando", etc. Como si la literatura tuviese alguna relación con el trabajo. Al contrario, la literatura es un descanso, un pasatiempo, un extravío». Quizá el problema acá es que todo ocurre en la dialéctica entre trabajo y descanso (la literatura es un descanso, no un trabajo), en la economía del día y la noche. Es posible constelar esto con otra idea de Tabarovsky: «La literatura no piensa, no da sentido; al contrario: lo congela, lo pone en suspenso». El libro de Tabarovsky está cruzado por algunas nociones francesas de la literatura como interrupción –lo que digo no es tan al vuelo: en *Escritos de un insomne* cuenta que asistió en los noventa a clases de Derrida– y, visto así, cómo la literatura podría ser un trabajo (es lo opuesto: genera una interferencia). La literatura no piensa (Montalbetti afirma justamente lo opuesto y lo toma de Badiou: «El poema es una forma de pensamiento») ni trabaja. Por mi parte, me siento tentada a reconciliar estos cabos: depende de qué entendamos por trabajo y de qué entendamos por pensamiento. Si hablamos de trabajo como explotación y sistema organizado (y obligado) de subsistencia, difícilmente la literatura es un trabajo, y parece una fiesta que no lo sea. La literatura de mercado, a la cual Tabarovsky se opone férreamente, podría ser esa clase de trabajo pues está devorada por el consumo y las exigencias del consumidor, que se vuelve un usuario. Si pensamos el pensamiento como una estructura estable de organización –por ejemplo, la triple síntesis kantiana, que supone aplicar un concepto a lo sensible–, difícilmente la literatura es un pensamiento. Diría que la literatura corre el horizonte de lo pensable vía el trabajo de la imaginación. Pero eso impensable tiene que agarrar figura, es decir, forma, o no tendríamos acceso al arte.

Si menciono lo de la escuela francesa es porque ahí se despliega una disputa. Un ejemplo: en *Imágenes pese a todo*, Didi-Huberman se refiere a los dos laboratorios de fotografía que había en Auschwitz, ambos encargados de retratos de identificación de los prisioneros, fotos de torturas, ejecuciones, cuerpos calcinados, experimentos médicos y registro de las instalaciones del campo. Hacia el final de la guerra, los nazis quemaron sus archivos, pero los presos encargados de llevar a cabo la quema masiva, en medio del alboroto general, lograron salvar una enorme cantidad de imágenes –cuarenta mil, precisa Didi-Huberman–. Y para acá voy: «Basta con haber posado una vez la mirada sobre ese *resto de imá-*

*genes,* ese errático corpus de *imágenes pese a todo,* para sentir que ya no es posible hablar de Auschwitz en los términos absolutos –en general bien intencionados, aparentemente filosóficos, en realidad perezosos– de lo "indecible" y de lo "inimaginable"». Me quedo con esta frase: *en general bien intencionados, aparentemente filosóficos, en realidad perezosos.* Los términos absolutos (indecible e inimaginable) serían bien intencionados, en apariencia filosóficos, aunque sin duda perezosos. Por qué: porque detienen la actividad del pensamiento. Un ala importante de la filosofía francesa está imantada por esos términos absolutos y no sé qué tipo de lector no se siente imantado por ella –porque es bella, dolorosamente bella, poética además; a ratos placentera, a ratos aterradora–. Pero Didi-Huberman lo que está diciendo es que no resulta suficiente quedarse atónito ante este registro de imágenes, empalmarlas a lo indecible: hay que correr el riesgo.

*El riesgo de salir del asombro*

El riesgo de decir lo que juzgamos indecible
el riesgo de imaginar
lo que juzgamos inimaginable
el riesgo de representar
lo que juzgamos irrepresentable.

Diría que introduce una invitación a salir del asombro para darle curso a una actividad, una invitación a sospechar del supuesto hacer que implica recubrir el problema de absolutos (indecible

53

e inimaginable), que frenan el pensamiento y, con ello, lo vuelven negligente.

La palabra «pereza» también aparece en un libro hito de la tradición latinoamericana: *El arco y la lira* de Octavio Paz, en el capítulo sobre la inspiración: «Durante una época se denunciaron los extravíos a que conducía la creencia en la inspiración. Su verdadero nombre era pereza, descuido, amor por la improvisación, facilidad. (...) El acto poético era trabajo y disciplina; escribir: "luchar contra la corriente". No es exagerado ver en estas ideas un abusivo traslado de ciertas nociones de la moral burguesa al campo de la estética. (...) La inspiración no tiene relación alguna con nociones tan mezquinas como las de facilidad y dificultad, pereza y trabajo, descuido y técnica». Retengamos que el libro es de 1956, es decir, recordemos los procesos revolucionarios de la época, el ambiente sociocultural y también el pensamiento sobre lo latinoamericano, que decantaría en lo que ahora conocemos, ya institucionalizadamente, como estudios culturales latinoamericanos. En otras palabras: no solo estamos explotados por el trabajo, sino que además nuestro presente está signado por lo colonial. Tampoco olvidemos que Paz le está respondiendo al siglo XVI europeo, donde «comienza a concebirse la inspiración como una frase retórica o una figura literaria», desde el siglo xx latinoamericano. Y acá una relación que parece azarosa, aunque tal vez no lo sea. Siglo XVI: cuando Hernán Cortés pone su pie en territorio mexica y desencadena la caída de Tenochtitlán. Leído desde esta serie de asociaciones, lo de Paz me parece un gesto de justicia. Y ya que casi por azar entramos en lo colonial, Hegel está prácticamente a la mano –si acaso Hegel pudiera estar a la mano, cosa que dudo en absoluto, pero haré a un lado mi propia pereza–. En la dialéctica del amo y el esclavo de la *Fenomenología*, el señor es la conciencia para sí, una autosuficiencia, en la medida en que se reconoce a sí mismo y a la vez es reconocido por otro (el siervo). Sin embargo, se relaciona con la cosa, dice Hegel, «de un modo mediato, por medio del siervo». El objeto de deseo del amo, en realidad, es trabajado por el esclavo –el señor «abandona el lado de la autosuficiencia de la cosa al siervo, que la elabora mediante el trabajo»– y eso lo distancia de las cosas. El esclavo, una especie de intermediario temeroso y aterrorizado por el poder del señor, es el encargado del vínculo entre el amo y la cosa. Pero el trabajo comporta un momento formativo por medio de la cultura. Así, la conciencia del esclavo «emerge en el trabajo fuera de sí y pasa a ser el elemento de la permanencia; la conciencia que trabaja llega, pues, de este modo a la intuición del ser autosuficiente como *de sí misma*». La dialéctica hegeliana puede ser leída como una promesa de emancipación mediante el trabajo. Si dejamos completamente despojado a un amo de sus esclavos, ¿qué puede hacer en el mundo? Probablemente nada, o bien, comprar otros esclavos. Pero si dejamos al esclavo libre del amo, su estado formativo le permite relacionarse con los objetos del mundo y además trabajarlos. Pienso este enlace no de manera caprichosa, sobre todo después de la tesis de Susan Buck-Morss que propone que Hegel escribió esta sección con la revolución de Haití en la mira, aunque no la mencione. Allí, Buck-Morss ve la promesa de liberación que Hegel apoyaría en lo relativo a la abolición de esclavos negros, intuición que se iría volviendo conservadora con el tiempo y que lo llevaría a pensar una suerte de sistema gradual de libertad, dado que los esclavos, en un territorio además compuesto solo por esclavos, al recuperar su libertad no tienen los medios administrativos –desconocen la burocracia y la gestión política– para sostener el orden en su propio territorio.

Vuelvo al límite que pone Paz desde otro ángulo: lo burgués versus lo obrero en el campo de la estética. Rancière piensa el conflicto en torno al tiempo: pareciera haber un tiempo «normal», el de la dominación y la explotación, que impone sus ritmos, que define la zona de trabajo y de descanso y que «se empeña en homogeneizar todos los tiempos en un solo proceso y bajo una misma dominación global». Sin embargo, habría dos modos de dislocar ese tiempo: «Las maneras imprevisibles con que los agentes sometidos a esta temporalidad renegocian su relación subjetiva con las escansiones del tiempo», y las interrupciones mismas, «momentos en que se detiene una de las máquinas que hacen funcionar el tiempo –puede ser la del trabajo, o la de la escuela–». Agota Kristof cruza de manera muy precisa estas dos interrupciones en su libro autobiográfico *La analfabeta*. Relatando su vida en la década de los cincuenta como refugiada en Suiza y obrera en una fábrica, apunta: «Para escribir poemas, la fábrica está muy bien. El trabajo es monótono, se puede pensar en otras cosas y las máquinas tienen un ritmo regular que ayuda a contar los versos. En mi cajón, tengo una hoja de papel y un lápiz. Cuando el poema toma forma, lo anoto. Por la noche, lo paso en limpio en una libreta». Y no deja de sorprenderme el otro lado, cuando Kristof, podríamos pensar, se aburguesa. Hablando sobre su vida también en Suiza, ya en el 2007, siendo una escritora consagrada, confiesa en una entrevista que se publica en *El País* que ya no escribe: «"No lo necesito. Para mí la escritura es demasiado importante como para hacer algo que no me guste. Y no creo que me salga ya nada mejor de lo que escribí. ¿Para qué empeñarse? Tuve tres hijos y estuve casada dos veces. Nada de eso me impidió escribir. Quizá la fábrica... Ahora tengo todo el tiempo del mundo y no lo hago". ¿Y qué hace? "Como no puedo salir, veo la tele y me levanto tarde. Me encanta dormir, en parte porque sé que voy a soñar"». La frase más opaca es «quizá la fábrica» y con puntos suspensivos. ¿Quizá la fábrica qué? Queda ese enunciado suspendido, una perforación en lo dicho. ¿La fábrica le dio ese tiempo, un tiempo para otro trabajo, que ocurría en el ritmo regular de las máquinas que la ayudaban a contar los versos?

Vuelvo a Rancière: «Los proletarios están sometidos a la experiencia de un tiempo fragmentado, de un tiempo escandido por las aceleraciones, los retardos y los vacíos determinados por el sistema. Su emancipación consiste, primero, en reapropiarse de esta fragmentación del tiempo para crear formas de subjetividad que vivan otro ritmo que el del sistema». En el caso Kristof, el segundo modo de interrupción del tiempo homogéneo (cuando se detienen las máquinas) corre muy lento y torpemente, porque apenas se podía comunicar: no conocía la lengua del territorio donde vivía, se le hizo durante años difícil hablarla y para qué decir leerla: «Cinco años después de haber llegado a Suiza, hablo francés, pero no lo leo. Me he convertido en una analfabeta. Yo, la que sabía leer cuando tenía cuatro años». Ese tiempo que habría podido dedicar a un proceso de autoformación, de lecturas y de diálogo con otros se vio obstaculizado porque era una analfabeta en Suiza. Su tiempo estaba conformado por el trabajo en la fábrica y el vínculo que hizo su mente entre las máquinas y los poemas.

Quizá una respuesta sería:

pudo vivir porque pudo escribir

incluso cuando no pudo leer se leía a sí misma.

Y se trata de un tiempo que interrumpe el trabajo de obrera para forjar otro tiempo: el de la escritura primero en la mente, luego anotada en hojas de papel (en los intermedios de la máquina) y finalmente pasada a una libreta (en el tiempo del descanso). Quizá estos tiempos robados o esta otra manera de comprender el tiempo –el de la creación emancipatoria– nos sacan del problema de Paz, quien vislumbra *en estas ideas* (trabajo, técnica, esfuerzo) *un abusivo traslado de ciertas nociones de la moral burguesa al campo de la estética.* Y Kristof, luego una burguesa, no adscribe a ellas: tiene todo el tiempo del mundo, ve tele, se levanta tarde, no escribe y duerme mucho porque sueña. ¿Qué soñará Kristof que no puede hacer despuntar la literatura? *Quizá la fábrica...* Rancière, en una especie de gesto de restauración, piensa que «estos "momentos" no son solamente instantes efímeros de interrupción de un flujo temporal que luego vuelve a normalizarse. Son también mutaciones efectivas del paisaje de lo visible, de lo decible y de lo pensable, transformaciones del mundo de los posibles». Si Hegel piensa en la potencial emancipación del esclavo mediante el trabajo, Rancière estudia esa emancipación cuestionando la homogenización del tiempo y abriendo la posibilidad de otro tiempo no como disrupción, una estrella fugaz, sino como gérmenes de transformación del *mundo de los posibles.*

Entremos desde un lado más: los conceptos de técnica y trabajo parecen mucho más aceptados en otras disciplinas: ¿quién le reclamaría a un músico la cantidad de horas que pasa al piano?, ¿quién osaría decirle a un bailarín que deje de practicar a diario?, ¿quién le diría al pintor que abandone la obstinación de experimentar con los cruces de colores mediante capas superpuestas?, ¿quién frenaría los ensayos de las compañías de teatro? Varias de estas disciplinas involucran aprender a improvisar. Un ejemplo clásico es el jazz. Esta facultad demanda un trabajo: haber labrado tanto el oficio que improvisar se vuelve posible. Mediante la práctica constante y su rigurosidad, el artista se siente firme para poder hacerlo. Y esa firmeza podría leerse como la práctica de técnicas que han quedado en la memoria del cuerpo. Si veo impro-

*La técnica en la memoria del cuerpo*

visar a una bailarina, probablemente lo que se me muestre sean los movimientos que ha practicado incansablemente y que, por ello, ha digerido o incorporado. Quizá entre los escritores uno de los más tremendos problemas es la escisión entre el cuerpo y el hecho de escribir. Podemos estar semanas escribiendo sin ocuparnos del cuerpo o atendiendo a lo mínimo –comer, ir al baño, mover discretamente un par de dedos sobre el teclado y, si acaso queda tiempo, dormir–. Independiente de todo lo que neguemos el cuerpo en nuestro oficio, escribir exige un esfuerzo físico y no solo intelectual. El cuerpo también se desgarra, la espalda sufre, el cuello se rigidiza, los dedos y las piernas se acalambran, y desconozco si hay un mayor momento de agotamiento físico para un escritor que cuando termina un libro. El cuerpo del escritor participa y nos enrostra su memoria. Tal vez podríamos restituir el vínculo entre cuerpo y escritura, pensarlo desde la noción de trabajo y también desde un erotismo con el lenguaje, una relación sensorial con las palabras. Ese vínculo permite ser visto desde la técnica: «Encontrar la propia técnica, el tono en que se logra algo en ese objeto común y sin fondo de las palabras, sería una tarea que no puede confiarse íntegramente al entusiasmo o al don. E incluso la imantación de otros poetas, o sea la lectura, aunque no se sepa bien cómo, podría ser una transmisión de técnicas. Así también el nadador que alguna vez aprendió sus movimientos surca más rápido el agua en la medida en que ha olvidado su propia técnica», dice Mattoni. La técnica no significa necesariamente una hiperconciencia de lo que se está escribiendo, sino que la técnica ingresa o se incorpora hasta ser olvidada; pasa por el sistema digestivo y luego aparece en momentos tan aparentemente puros como la improvisación o la escritura automática. La metáfora del nadador incorpora el cuerpo ahí donde parecía no haber cuerpo sino abstracciones de un cuerpo oculto.

La intensidad escritural manifiesta una exigencia incluso muscular, cardiaca, respiratoria.

Pienso aquí en el pie variable, medida versal de William Carlos Williams (en el que cada verso corresponde a una sola unidad de respiración), y que él, en medio de su dificultad para hablar, tilda de *casual*. Pero no creo que sea tan casual, más bien diría que es *causal*: escribe de esa manera porque le está dando escucha al cuerpo (y al carácter). Y aquello se volvió un método. Le preguntan en una entrevista: «Usted dice que le resultaría imposible ser un orador calmo, de modo que esa unidad que utiliza (...) quiere reflejar también su propio y nervioso hábito discursivo». Y Williams responde: «El sentido común me obligó a crear un método semejante», «soy una criatura emocional, y si solo pudiera hablar... con usted por ejemplo. Aquí hay una persona bien intencionada con respecto a mí, es decir usted, y yo no puedo hablarle. Eso me enfurece». Aunque hablara a tropezones, entrecortadamente, pudo escribir (diría incluso que *porque* hablaba a tropezones pudo escribir como escribió). Y lo hizo mediante un método, que le daba escucha al cuerpo y que definió en él un modo de versificar: «No usaba frases largas a causa de mi temperamento nervioso; no podía», confiesa Williams.

Seamus Heaney separó el concepto de técnica de la noción de artificio, intuyo que intentando también derrumbar un cliché contra la técnica. Acerca del artificio, afirma que se trata de la habilidad para hacer o producir: una especie de ejercicio atlético que sirve para figurar o ganar concursos y del cual el poeta puede vanagloriarse sin exponer sus emociones o al yo. Por otro lado, «la técnica no solo implica el modo como el poeta trabaja las palabras, su dominio de la métrica, del ritmo y de la textura verbal, sino también una definición de su actitud hacia la vida, una definición de su realidad. Implica el descubrimiento de modos de salirse de sus límites cognitivos habituales para adentrarse en lo inarticulado: una disponibilidad dinámica que ha de mediar entre los orígenes de la emoción en la memoria y en la experiencia y las estratagemas formales que sirven para expresarlos en la obra de arte (...). La técnica se refiere a la totalidad del esfuerzo creador que llevan a cabo los recursos de la mente y del cuerpo para lograr que el sentido de la experiencia quede sometido a la jurisdicción de la forma». Ahí donde algunos lectores de poesía ven en la palabra «técnica» un automatismo y un sistema de reglas que cada cual sencillamente aplica al escribir un texto, Heaney intenta devolverle el aura al término. Para ello, lo contrapone al artificio. El artificio operaría en una suerte de gimnasio, donde ejercitamos y mezclamos normas compositivas, sacamos músculos verbales, gracias a lo cual ganamos premios y aplausos –el poeta como atleta[5]–. Deposita allí un impulso incluso ostentoso y la imagen que se me viene a la cabeza es la de personas en el gimnasio mirándose los músculos frente al espejo, lo que no es tan distinto, a ratos, del campo cultural. La técnica, en cambio, involucraría *salirse de sus límites cognitivos*

*El poeta atleta*

---

[5] Conozco un contrapunto a esto: «Toda escritura comporta un atletismo», escribe Deleuze, «este atletismo se ejerce en la huida». El poeta atleta no sería un campeón olímpico que llegó primero a la meta, sino quien escapa corriendo más rápido que todos de armar una figura fija y que evita estancarse en el juicio categórico. Podría pensarse al poeta atleta como aquel que no tiene meta, que ha corrido tanto justamente para no restringirse a la noción de llegada, que corre *corriendo* el horizonte representacional.

*habituales*, es decir, un descondicionamiento, una interrupción, un esfuerzo de la mente y el cuerpo para lograr que la experiencia y su intensidad encuentren una forma en el lenguaje. Allí el yo sí se lanza a un riesgo, mente y cuerpo están activos, pensamiento y emoción participan. En el fondo, el movimiento que ejecuta Heaney compromete al sujeto, lo ubica como eje articulador que se resta de lo hecho o de lo dado y se precipita a generar un sentido que produce una interferencia en lo establecido (nuevamente un afuera de la ley: *salirse de sus límites*). Pero Heaney sigue ordenando este proceso: primero habría algo preverbal —«un poema empieza como un nudo en la garganta», cita Heaney a Robert Frost–, algo que nos conmueve o remece; luego aparece el pensamiento; y este, después, busca y va al encuentro de las palabras. Lo primero (es decir, lo preverbal) tendría que ver con algo intuitivo, adivinatorio incluso, y lo segundo con la construcción del poema mismo. Para Heaney, eso adivinatorio es imprescindible y de ahí que nomine, en un punto, al poeta como vate; palabra más que relamida por la tradición masculina, que lleva erigiendo durante siglos la relación entre el poeta y el mesianismo, un pequeño dios que nos guía gracias a sus facultades visionarias.

Me pregunto, además, si acaso existiría algo así como «lo preverbal». Quizá podríamos pensar en un nudo intensivo que aún no arma figura. Se me cruza al vuelo con nociones como las de Lacan de que el inconsciente está estructurado como un lenguaje, con el mito de imaginarnos un afuera de la cultura como lo entiende Judith Butler o con la aseveración algo provocadora de Hegel de que la razón es toda ella realidad (que traduzco mentalmente así: no existe una percepción puramente sensible que no esté contaminada por la razón). Es decir, derrumbar las concepciones que separan o escinden inconsciente de lenguaje, naturaleza de cultura, percepción de razón o impresión sensible de concepto. Heaney especulativamente habla de lo preverbal como si el lenguaje no estuviera ahí de antemano o como si la intensidad vital pudiera higienizarse de la lengua. ¿Un nudo en la garganta acaso se experimenta fuera del lenguaje? Herder tiene una respuesta: «No hay prelenguaje ni mundo o existencia antes o sin lenguaje». Para ello, pone al grito como origen del lenguaje y al origen del lenguaje en el cuerpo: «La sensación de dolor no se vuelve objeto del lenguaje. Nuestras expresiones fundamentales y primarias son alaridos, aullidos y gemidos animales, el origen del lenguaje es llanamente físico».

Otra manera de verlo es objetando incluso la recuperación de la técnica en contraposición a la noción de artificio. Es el caso, por ejemplo, de Charles Bernstein, que no ve esa oposición y aligera el artificio de una carga negativa. Para Bernstein la literatura implica un artificio, aunque hay obras que evidencian ese artificio (como la misma poesía de Bernstein) y otras que lo disimulan (como el realismo), algunas alardean, otras lo ocultan. Bernstein lo que hace es oponer lo natural a lo artificial y en el poema nada es natural, ni el tono, ni el estilo, ni los recursos. «No hay aspecto o sonido natural de un poema. Cada elemento es intencional, elegido. Eso es lo que hace de una cosa un poema. Los modos no pueden evadirse». Los poemas no brotan como la maleza, los poemas (los más artificiosos y también los más orgánicos) emergen de una red de decisiones, unas más conscientes que otras y —esto lo agrego yo— en un contexto histórico que los hace posibles, en una lengua específica, en un momento de esa lengua y en un tiempo particular de la tradición literaria. Los poemas no *nacen*, se componen. Todo poema es un artificio y cada cual implica una técnica. De hecho, diría que los poemas claros o transparentes, los que simulan una comprensión absoluta, son los más complejos de componer, pues la claridad posee a veces una sospechosa cercanía con el cliché y con lo obvio que resulta difícil de administrar, si una está interesada en el poema más que en su popularidad. Incluso para la escena más realista, el lenguaje exige una técnica de precisión que di-

*Los poemas*
*no nacen*

fícilmente podríamos adjetivar de natural. Aun el texto más espontáneo reclama un nivel de composición, en el cual tanto emoción como intelecto están activos y se afectan entre sí.

Mis elecciones literarias tienden al poema opaco o indeterminado, aquel que evidencia que no trabaja directamente con *las cosas del mundo* y que genera una interrupción tal en el pensamiento que termino de leer y no pienso «qué significa este poema» (no le doy un tratamiento de mensaje que exija decodificar), sino que abre una fisura hacia lo impensado o lo que abandona un estado categorial que referencia el mundo y, en particular, que se las ve con el lenguaje en cuanto límite o borde. Vuelvo entonces a la idea de Montalbetti de que la poesía no ocurre en el vínculo entre el mundo (y sus objetos) y el lenguaje (las palabras que nominan objetos), sino entre nombres y nombres. Asumir que la poesía se ubica entre nombres y cosas reduciría el poema a su vínculo con la realidad, al calce o descalce entre objetos y lo que los poemas nombran. Mirado del otro lado: la poesía ocurre al interior del lenguaje mismo. Visto así, el yo del poema no es el yo del mundo, sino que es un yo que está dentro o que emerge desde el lenguaje. Eso lo tenemos más o menos naturalizado en la ficción, y nadie se preguntaría si un escritor de una novela mató realmente a su madre si en su libro se relata un parricidio en primera persona. La exigencia de honestidad (donde el yo biográfico calza con el yo poético y la poesía acontece entre objetos y palabras) da por sentada una equivalencia que hace huir al poema o que provoca que, en la experiencia de lectura, quede afuera justamente lo leído: un poema. Esto ha sido zanjado en la prosa con la narrativa del yo, que parece haber penetrado tantas capas o haber inseminado la ficción contemporánea con la primacía –o la exigencia– de lo autobiográfico a tal punto que en cada entrevista a los narradores se les pregunta por las coincidencias entre el o la protagonista y lo vivido, como si lo vivido no fuera también el hecho de haber escrito un libro o como si el libro fuera un sucedáneo de la vida –o, llevado al extremo, como si se viviera para escribir o como si para escribir se necesitara una acumulación de experiencias concretas que podemos categorizar–. El riesgo de esa manera de leer conduce a pensar que la literatura se reduce a la propia vida y nos enfrenta a una suma de problemas banales y hasta anecdóticos. Ese momento en que la lectura ejercita un sistema de vigilancia y la interpretación que cruza vida y obra se vuelve ley –o, al menos, una intención de legalizar y, por lo tanto, de legitimar–. Ese momento, digámoslo de una vez, en que aparece la moral, allí donde habíamos intuido, y probablemente de manera

*La lectura moral*

gozosa, que la literatura no es una clase de educación cívica –sí, estoy pensando en Tabarovsky: «¿Pero quién dijo que la literatura tiene alguna relación con el respeto? No falta mucho para que a la literatura se la llame educación cívica»–.

Pongo un ejemplo: en el estallido social del 2019, muchos poetas callaron ante la irrupción de lo político en el cotidiano, varios dijeron abiertamente que era el momento en que la poesía debía callar, porque estábamos en el tiempo de la lucha. Otro binarismo: o luchamos o escribimos. Los menos silenciosos se dispusieron a escribir *acerca* del estallido, es decir, lo tematizaron y en específico desde el lugar de la víctima. Pero quién estaba autorizado para escribir de eso era una pregunta vigilante, tácita, aunque fantasmagórica, que andaba dando vueltas. En un taller sobre poesía política, recuerdo haber hecho la pregunta de qué les parecía escribir poemas sobre lesiones oculares, y los rostros mostraban cierta aprehensión: podía leerse como un aprovechamiento, una palanca temática efectiva –efectista por afectiva– para asegurarse un determinado nicho de lectores. Pero al entrar a la misma pregunta desde la diagonal biográfica los rostros se modificaron: ¿qué les parece escribir poemas sobre lesiones oculares si mi pareja, un amigo, un familiar o yo misma pierdo un ojo, me lo detona la policía? En el primer caso no, en el segundo caso sí.

¿Qué clase de autoridad se requiere para escribir?

Me aparece la pregunta como provocación, en principio, probablemente por lo concreto del caso, pero podría trasplantarse a otras esferas: lo femenino, la marginalidad, lo indígena, lo no binarie, y ustedes pueden ir prolongando la lista. El riesgo de esta posición de juicios categóricos y categoriales al leer, y también al escribir, empalma moral y literatura y, aunque el siglo xx celebró la autonomía del arte y su salida de la servidumbre (y, con ello, despuntó la experimentación mediante la pluralidad de la técnica; sin ir tan lejos, pensemos en la proliferación del verso libre en poesía), las fibras parecen ser más sensibles y las autonomías más frágiles. Tal vez el sujeto, anclado y obturado en sí mismo y a kilómetros de las nociones de comunidad, religión, familia, naturaleza, autónomo de la exigencia de escribir sobre esas zonas de cruce e incluso de devoción, sufre otra exigencia: escribir sobre lo único que sabe, es decir, sobre sí mismo. Y ese sí mismo es limitado, signa una vida particular, una ética, una clase, un género, un curso de decisiones a las que *responder*.

¿El poema responde?

El germen de la moral no solo obra limitando la literatura a lo que estamos autorizados a escribir, sino que expropia una facultad para la cual el arte ha sido una casa: la imaginación. La exigencia del calce entre el yo poético y el yo biográfico restringe la imaginación, la abrevia o confina a una cierta literatura (por ejemplo, al nicho infantojuvenil o a ciertos géneros específicos como la ciencia ficción). ¿No es acaso imaginar, fantasear con algo, incluso con el pantano más oscuro donde fermentan nuestros deseos, parte de lo vital? Armar figura, condición de la existencia de todo poema, no significa agradar al mundo —agradar en el sentido de dejar su orden incólume, agradar en el sentido de respetarlo, agradar en el sentido de mantenerlo a salvo—; a veces armar figura es perforar las cosas, pervertirlas, enlodarlas, vincularlas entre sí de maneras ilógicas, no legaliformes, inauditas. Tampoco se trata de un efecto sorpresa ni de una pirotecnia, en cualquier caso despejaría la ocurrencia como método (el remate, el verso que viene subrayado de antemano, el broche de oro, el chistecito llano y esos fuegos artificiales), sino de un modo de armar constelación. Y me viene de nuevo un verso de Pizarnik a la mente: «Escribir es buscar en el tumulto de los quemados el hueso del brazo que corresponda al hueso de la pierna». ¿Qué tipo de cuerpo futurista aguanta que el hueso del brazo corresponda al hueso de la pierna? En principio, uno que la literatura siempre ha hecho posible.

«¿Tú eres una persona real o tus papás te inventaron? ¿Esa montaña es real o las fuerzas del universo la inventaron? ¿La realidad de internet es real o la inventó gente imaginativa como Steve Jobs? ¿Un pescado de plástico es un pescado? No me gustan las flores artificiales, aunque cuando se ven reales me enamoro de ellas. Todas estas cosas conviven en la misma casa, la casa de la cabeza, y en la casa de la cabeza los problemas son de verdad», escribe Mary Ruefle. Esa duda cartesiana terrible que persiguió y persigue aún a la humanidad –¿puedo confiar en los sentidos o me engañan?, ¿estoy soñando o esto es la realidad?, ¿lo que veo es cierto o producto de mi mente, de cómo mi mente recibe el mundo gracias al acto perceptual?– acá se vuelve potencia, compone un juego de luces y sombras, y Ruefle misma asume que la imaginación no es necesariamente positiva, que nos puede hacer caer por un hueco o incluso llevarnos a perder la razón: «Una vez en una cena me senté junto a una mujer joven que creía que la CIA le había puesto micrófonos en su ensalada, y eso la horrorizaba, y era incapaz de seguir con su vida».

*La casa de la cabeza*

La hondura de la imaginación: un cuerpo vivo
profunda como un cuerpo
extensa como un cuerpo
porosa como un cuerpo
pesada como un cuerpo.

Y ahí, en la casa de la cabeza, la imaginación tiene lugar. En la casa de la cabeza las cosas ocurren; en la casa de la cabeza, Ahab persigue a una ballena apoyado en una pata de palo a lo largo del océano; en la casa de la cabeza, Jean Valjean carga a Marius por las alcantarillas de París; en la casa de la cabeza, Bouvard y Pécuchet se conocen en un banquito en una plaza y no vuelven a separarse; en la casa de la cabeza, Orlando es varón hasta los treinta años y luego se vuelve mujer; en la casa de la cabeza, Ana Karenina se lanza a los rieles de un tren; en la casa de la cabeza —y ahora ejemplifico con Ruefle—, una mujer en pleno fin del mundo le ofrece a alguien una naranja, en caso de que tenga sed, y se dispone a lanzarla lo más arriba posible mientras el mundo pierde forma[6]. En la casa de

---

[6] Les dejo el poema porque no quiero que se lo pierdan: «Si, como dicen, la poesía es un signo de algo / entre la gente, dejemos algo concertado desde ahora / entre nosotros, mientras todavía somos gente: que / al final de los tiempos, que también son el final de la poesía / (y del trigo y del mal y los insectos y el amor), / cuando toda la raza humana se reúna en carne y hueso, / reconstituida hasta el pliegue más ínfimo y la uñita / más diminuta del bebé, yo voy a estar parada al borde / de aquella multitud insondable con una naranja para ti, / reconstituida hasta su semilla más íntima, protegida / por filamentos blancos, en caso de que tengas sed, lo cual / no pareciera ahora mismo una suposición descabellada, / y aunque entonces no habrá poesía entre nosotros, / y al final de los tiempos, con los gansos extintos con los mares, / espero que la aceptes, y recuerdes en la tierra / que yo no sabía tocarla, todo estaba en carne viva, / y si acaso la multitud no tiene bordes / ni otra cosa de la que yo pueda ser parte, voy / a agarrar la naranja y tirarla para arriba lo más alto que pueda».

la cabeza, me estás leyendo un poema en voz alta porque no soportas amar poemas que yo no conozco; en la casa de la cabeza, te inventé. En la casa de la cabeza los problemas son inmensos, probablemente en la casa de la cabeza es donde los problemas son. Y aunque la realidad exige poder separar la casa de la cabeza de lo que *efectivamente* sucede en el mundo, o de lo que las cosas concretas parecen indicarnos, el poema no demanda esa diferencia.

Ruefle nos confiesa lo único que retiene de una biografía de Emily Dickinson: el sobrino de Dickinson un día volvió de la escuela a casa llorando reprendido, acaso humillado, por su profesora, después de haberle contado a la clase que en el ático de su casa vivía una cabra blanca. Dickinson, colérica, dice que ella misma había visto a la cabra, que efectivamente vivía ahí, y que la profesora podía ir en cualquier momento a confirmarlo. «Tengo un lugar en mi cabeza donde [la cabra] puede vivir y seguir viviendo, mientras la alimento con cantidades de pasto recién cortado», escribe Ruefle. ¿La cabra realmente existía? ¿Creen que Dickinson tenía una cabra en el ático que comía hierba debajo de las vigas? ¿Es acaso importante si la cabra estaba ahí? ¿Ruefle viajó más de cien años en una máquina del tiempo a la casa de Dickinson para secuestrar a la cabra blan-

*La cabra blanca de Dickinson*

ca? Probablemente sí. ¿Habrá una ley que condene a las poetas que roban cabras de otras poetas? No lo sé, pero imaginen una y me cuentan.

Hace unos años fui a dar una charla a un escuela rural. Éramos dos: un poeta y payador con la guitarra al hombro, que sin duda iba a deslumbrar al público juvenil, y yo, que –sin duda también– iba a matar de aburrimiento a esos pajaritos leyéndoles mis poemas citadinos con palabras oscuras y posiblemente incomprensibles y bastante abstractas. En vez de leer de mis libros, cosa que ya había hecho ese año en otras escuelas –matando, en efecto, a varios de sueño–, decidí hablarles de poesía. Leí la noche anterior unos ensayos de Kenneth Koch sobre educación poética en niños, para estimularme y darme ánimo. Recuerdo haber partido más o menos así: en un poema, el sol puede ser una galleta y puedes estirarte y con la mano alcanzar el sol y comértelo (estaba convencida hasta hoy de que esa frase era de Koch, pero ahora reviso los ensayos que leí y no me aparece; quizá la inventé o la leí en otra parte esa noche y mi mente la guardó en el cajón Koch). Esa entrada fue como si hubiera sacado una varita mágica. ¿Una galleta? ¿En serio? Yo quiero que el sol sea una pelota, o mejor que sea un gato hecho bolita, yo quiero que el sol sea mi cabeza o quiero un sol que me haga de cabeza o quiero no tener cabeza, sí. La casa de la cabeza de los niños, pensé con cierta satisfacción. O no, porque no había leído a Ruefle en ese tiempo, no sabía ni que existía Ruefle, pero en retrospectiva digo eso: la casa de la cabeza de las niñas, qué abundancia. Mamá, por qué el pasto es verde y el cielo azul, mamá, por qué los pájaros vuelan y nosotras no, mamá, por qué tu pecho es abultado y el mío plano, mamá, de dónde salieron las estrellas, mamá, por qué el perro ladra y no habla como yo –¿eran ustedes así de niñas?–. Para responder esas preguntas, para satisfacer esa voracidad por conocer y saber, observamos el mundo, experimentamos con el mundo, somos guiadas por los adultos –por ahí sí, por ahí no, que vas a caerte–, y es como si la cabeza se expandiera por un lado y se acortara por otro, y quizá donde más se acorta es en la imaginación. La poesía, el arte, son una llave a esa puerta en apariencia tapiada y ¿realmente la primera pregunta que va a aparecernos al leer es si el yo vivió lo que está diciendo o no? ¿O si está autorizado para escribir lo que leemos? En cualquier caso, dónde lo vivió. Quizá: en la casa de la cabeza. Y la casa de la cabeza es un riesgo, escuchar lo que dice la casa de la cabeza compromete al sujeto. Me aventuro a decir que no oír la casa de la cabeza nos mantiene a salvo. Y cuando leo, no sé si les pasa también, vivo como si me hubiera metido a la casa de la cabeza de alguien que no soy yo.

«No se escribe con las propias neurosis. La neurosis, la psicosis no son fragmentos de vida, sino estados en los que se cae cuando el proceso está interrumpido, impedido, cerrado. La enfermedad no es proceso, sino detención del proceso, como en el "caso de Nietzsche". Igualmente, el escritor como tal no está enfermo, sino que más bien es médico», escribe Deleuze en una versión que así leída parece optimista sobre el escritor o incluso pensada contra el cliché del escritor como un chalado. Al caso Nietzsche, mi cabeza le agrega casi involuntariamente el caso Hölderlin. Sobre el primero: Turín, 3 de enero de 1889: el filósofo Friedrich Nietzsche vislumbra, en la plaza Carlo Alberto, a un cochero que azota brutalmente a su caballo y que se niega a moverse. El filósofo, profundamente conmovido, se acerca y se arroja sollozando a abrazar al animal. El filósofo se desvanece. El filósofo opaca lo que otros filósofos llamarían la razón. El filósofo es internado en Jena. El filósofo muere el 25 de agosto de 1900, amurallado por la locura y el enmudecimiento. Dicen que lo último que dijo Nietzsche fue «mamá, soy un tonto». Sobre el segundo: Tubinga, 15 de septiembre de 1806: el poeta Friedrich Hölderlin es internado en la clínica del doctor Autenrieth, en la cual prepararon una habitación con barrotes de madera, semejante a una celda. El poeta era el primer enfermo mental internado allí, donde estuvo 231 días. El poeta fue declarado incurable. El poeta es trasladado por el carpintero ebanista Ernst Zimmer, admirador de su obra, a su casa y allí, a orillas del río Neckar, vivió en una de las torres de los Zimmer. El poeta tenía un piano y a veces tocaba y cantaba, aunque nadie podía distinguir en qué lengua lo hacía. El poeta, mantenido económicamente por su madre, vivió en la torre los próximos treinta y seis años sumido en la locura. Murió muy dulcemente, sin dolor, sosegado, le dice la hija de Zimmer en una carta al hermano de Hölderlin en 1843.

Siendo franca, escribí esto para llegar a esto otro: el informe de la autopsia de Hölderlin. Pau lo recoge en su biografía y afirma: «El informe de la autopsia es un texto romántico: se habla en él de "la plenitud y belleza con que estaba construido su cerebro". También se habla de cierta cavidad que estaba llena de agua, y que presionaba y endurecía el tejido cerebral... y esa era la causa de una locura que había durado cuarenta años». «Así pues: un estanque, un verdadero manantial de aguas azul-plata, el origen pujante de todos los ríos», escribe Federico Rodríguez. La casa de la cabeza de Hölderlin tenía una laguna que comprimía la razón. En esa lagunita, en esa materia acuosa, las cosas no hacían figura o hacían, pero de manera incomprensible. Ahí mezclaba lenguas: alemán, latín, griego, francés, tensionaba la lengua hasta que quizá ya no era ninguna lengua –¿qué sería una lengua de un solo hombre, qué clase de despojo manifiesta una lengua hablada por un solo hombre?–. «Lo que hay, una y otra vez, que pensar en torno a una locura del poeta, verdadera "herida espiritual", que no pertenece ni simple, ni necesariamente, al "loco", al "poeta chiflado", sino que, ante todo, pertenece a la lengua misma: es la lengua, son las lenguas las que desvarían», dice Rodríguez, o «pero la locura moderna, ¿qué es, si no un señalamiento de que ciertas palabras no pertenecen al orden de lo inteligible?», dice Mattoni.

Retomo el hilo de la salud: «La literatura se presenta como una iniciativa de salud», escribe Deleuze. Y no se trata de una salud robusta e inquebrantable, sino de una *irresistible salud pequeñita*, que le permite al escritor volver *con los ojos llorosos y los tímpanos perforados* –¿volver a sí mismo?– y escribir. E incluso, antes de eso, que le permite ver el mundo, su oscuridad, sus estrías, que le permite, en el fondo, *ver*. Y, viendo, esa sa-

*Una irresistible salud pequeñita*

lud ínfima posibilita escribir, inventar, hacer figura (incluida la figura más rotundamente informe, como el grito de Artaud[7]). No es que estemos totalmente enfermos o totalmente sanos –la escritura no sería un salirse de sí frenético ni una lucidez pura–, más bien habitamos un inestable equilibrio, pero esa salud nos permite un devenir escribiendo, un proceso, que en cuanto escritura toca y nos conecta con el otro, y que se ve interrumpido en Turín, en el caso Nietzsche, cuando quien escribe ya no puede armar figura. Por eso decía que escuchar la casa de la cabeza compromete al sujeto. Porque si tu cabeza tiene una laguna, y osas bañarte en ella, es posible que sientas que tu ensalada es tu peor enemiga. «Objetivo último de la literatura: poner de manifiesto en el delirio esta creación de una salud», intuye Deleuze, «es decir una posibilidad de vida». Cuando hablaba de imaginación, me refería a algo serio.

Que la casa de la cabeza tenga que mantenerse sana es algo que pensé leyendo a Dostoievski y que se me cruza con el cliché del genio. En *Cri-*

---

[7] «El grito de Artaud, de hecho, no pretende pura y simplemente *exceder el lenguaje* y entrar completamente en un régimen de corporeidad. Al contrario, Artaud enfatiza con él la necesidad de ejercer el lenguaje para llevarlo hacia sus límites (y no para ir afuera)», dice Andrea Potestà. Llevar el lenguaje al límite desde el interior: hacer figura.

*men y castigo*, Raskólnikov, un estudiante de derecho de veintitrés años que deja la carrera a la mitad aquejado por problemas económicos, planifica matar a una prestamista, Aliona Ivánovna, para robarle grandes sumas de dinero y salir de los apuros. Luego de varios meses entre devaneos morales y ajustes del plan, asesina a la mujer con un hacha y a su hermana, Lizaveta Ivánovna, que aparece en la escena del crimen por azar. Hasta acá parece todo bastante lineal y sencillo: alguien pobre necesita para prosperar la fortuna de alguien rico y, ante el determinismo socioeconómico y la miseria, la salida es más o menos clara. Pero lo cierto es que no: Raskólnikov había desarrollado una teoría sobre el genio y, además, se consideraba uno. Asesinar a la prestamista podía incluso justificarse en la medida en que ese dinero iba a permitirle terminar sus estudios, ayudar a su familia y cumplir su misión. Y no se trataba solo de una idea vaga, sino que Raskólnikov había escrito un artículo sobre el tema, que fue publicado en *La Palabra Periódica*, y no se entera de su publicación hasta que Porfiri Petróvich le comenta que lo leyó. Aunque Raskólnikov firmó el texto solo con una inicial, Porfiri Petróvich, interesadísimo por lo que allí decía, le consultó por la autoría al jefe de redacción, con quien eran amigos. «Acerca del crimen», *o algo así*, se titulaba el artículo, según recuerda Petróvich, y la escena que seguimos leyendo involucra una conversación acerca de las ideas de Raskólnikov, que él mismo le explica a Petróvich (en este punto me parece indispensable comentar que cualquier lector se está comiendo las uñas al leer esta escena, puesto que Porfiri Petróvich es el juez de instrucción a cargo de la investigación del asesinato del cual Raskólnikov es artífice y culpable, o sea que estamos leyendo un diálogo entre el asesino y el policía, sin que el policía sepa que está hablando con el asesino). Explica Raskólnikov: «Mi idea es justa en lo fundamental, o sea en considerar que las personas, según ley de la naturaleza, se dividen *en general* en dos categorías: personas de categoría inferior (ordinarias), como si dijéramos personas que constituyen un material que sirve para la procreación de seres semejantes, y en personas propiamente dichas, es decir, seres humanos que poseen el don o el talento de decir una *palabra nueva* en su medio». Raskólnikov divide a la gente entre personas que simplemente reproducen la ley y otras que la interrumpen al decir algo *nuevo* (no reproducen, sino que producen). Esa determinación, en este primer acercamiento, tiene que ver con el recurso a la novedad. Lo de la ley va quedando más claro en las siguientes líneas: «Tenemos que las personas de la primera categoría, es decir, el material, son por su naturaleza conservadoras, ceremoniosas, viven en obediencia (...). La segunda categoría, formada por personas que pasan por encima de la ley, son destructoras o están inclinadas a serlo (...). Pero si para el cumplimiento de sus ideas necesitan pasar, aunque sea por encima de un cadáver, y han de derramar sangre, a mi modo de ver, en su fuero interno y sin remordimientos de conciencia han de permitirse pasar por encima de la sangre, aunque siempre a tenor de la idea y de su dimensión, no lo olvide. En este sentido, y solo en este, hablo en mi artículo del derecho de tales personas al crimen (...). La masa casi nunca reconoce ese derecho a tales hombres, los decapita y los ahorca». El «no lo olvide» es un pequeño detalle hasta irónico que incrusta Dostoievski ahí, en esta discusión que, enfatiza Raskólnikov, es jurídica; que se lo diga justamente a Porfiri Petróvich es como si intentara explicarle a la ley un afuera de la ley. Uno de los problemas en que se verá involucrado el protagonista, entonces, será dilucidar si el *tenor* de su idea y su *dimensión* son tales como para justificar el asesinato de la prestamista y su hermana, es decir, si su misión vital en cuanto ser extraordinario le permite pasar por encima de la ley, pasar por encima de la sangre, pasar por encima de un cadáver (o, en este caso, de dos). Al final intuimos que el devaneo moral de Raskólnikov tiene que ver con ajustarse a su propia teoría y no a la de los sujetos ordinarios, esto es: no matar. Y a estas personas extraordinarias Raskólnikov los llama genios.

Pulkeria Alexándrovna, la madre de Raskólnikov, medio delirante, medio afiebrada, medio fuera de sí, ya casi terminando la novela aparece leyendo el artículo infinitas veces, incluso en voz alta, prácticamente duerme abrazada a él, convencida de que su hijo, debido a sus dotes literarios e intelectuales, iba a ser un genio, el primero de los sabios e incluso un hombre de Estado (lo que no deja de ser difícil, vistas así las cosas, puesto que si algo define a su hijo a lo largo del relato es la transgresión de la ley que sostiene a un Estado y su administración). Varios capítulos antes, Svidrigáilov le sugiere a la hermana de Raskólnikov los motivos del crimen y se remite a la teoría del artículo y a uno de sus referentes: «Napoleón le tenía terriblemente cautivado, es decir, lo que realmente le cautivaba era que muchas personas geniales no se preocuparan por el mal en singular, y siguieran adelante sin vacilaciones. Parece que él imaginó ser también un hombre genial». Mi pregunta es en qué puede devenir la figura del genio. Y digo devenir equivocándome, porque el problema precisamente parece ser que acá no se trata de un devenir, sino de una irrupción a lo bruto y con hacha en mano. Sin embargo, la tesis de Raskólnikov, en términos conceptuales, no se diferencia tanto de los orígenes que Kant precisa respecto del genio: el genio *abre una nueva regla* que no ha podido ser inferida de ningún principio ni ejemplo precedente. O sea, hace algo nuevo: *posee el don o el talento de decir una palabra nueva*. El principio de novedad está en ambos. Sabemos además que Kant le otorga a la razón la capacidad de inferencia, y acá la inferencia no opera necesariamente, dado que esa regla nueva no deriva de una inferencia. ¿El genio es alguien fuera de razón? El vínculo entre genio y alguien desprovisto de razón ha engendrado también un cliché, asunto que ha sido, por lo demás, bastante estudiado por la psiquiatría. Dostoievski extrema el argumento del genio kantiano, en principio porque en Kant se trata de alguien que se dedica al arte específicamente, que se desenvuelve en el campo de la estética, donde la gente no anda con hachas en la mano —aunque, quién sabe, Raskólnikov era un hombre de letras—. (Y llegado este punto no puedo sacarme de la cabeza esa noticia del 2013, desconozco si es real, en que dos hombres se agarran a balazos discutiendo sobre Kant. Y una casualidad que parece chiste: eran rusos). «El delirio es una enfermedad, la enfermedad por antonomasia, cada vez que erige una raza supuestamente pura y dominante», escribe Deleuze. El peligro del culto al genio, y de alguien que se cree genio como Raskólnikov, involucra pensarse amo, investirse de una autoridad que hace temblar a la ley. Y acá no me refiero a la ley de la sintaxis, sino a la ley que posibilita que vivamos en sociedad sin matarnos entre nosotros (a veces literalmente, a veces metafóricamente). El culto al genio, llevado a su límite, puede conducirnos a un «fascismo larvado», pienso con Deleuze, en ese delirio de dominación. Y no me parece una casualidad que el referente de Raskólnikov sea un militar: Napoleón.

Mi sospecha contra el genio sin duda se vincula a ese rasgo fascistoide que promueve el culto y lo que de ese culto muta en exigencia –me lo explico como exigencia dada la cantidad de alumnos que he visto preguntándose si el talento les alcanza–. Y también esta rabia intuitiva contra el cliché del genio y contra el rechazo al artificio tiene que ver con que ambos extirpan lo humano o temen vérselas con lo humano. Por un lado, la figura del genio parece estar en un umbral entre lo humano y lo divino y, por otro, el rechazo al artificio defiende algo «natural» en el poema, que también pareciera emerger desde un lugar más allá o más acá de lo humano. No es que piense que la poesía ocurre en una razón pura, donde está todo bajo control y en el orden de una conciencia plena; incluso diría que la poesía remece los dispositivos de control habituales a los que lo humano es sometido. Su primera rebeldía es contra el lenguaje como sistema comunicativo, contra la supuesta naturalidad de la lengua y contra el sujeto como mero usuario y consumidor de las palabras. En el capítulo sobre la escritura de *La partición de las artes*, Nancy abre su texto así: «Un día los dioses se retiran. Por sí mismos, se retiran de su divinidad». Pienso que también es hora de que el poeta se retire de su divinidad.

Fuera de ella, queda el artesano
con un nudo en la garganta.

Y luego acá va un asterisco o una línea de asteriscos y los pongo, porque quisiera hacer una pausa para reposar la casa de la cabeza y tal vez aventurar una coda:

*\*\**

Me interesa que un ensayo contenga en alguna medida un germen de negatividad –negatividad en el sentido de crisis, en el sentido de alarma, en el sentido de oscilación–. Qué ensayo no tiembla es una pregunta que viene persiguiéndome estos días, como una gemela insoportable que no deja de tirarme el pelo o de meter su cuchara en mi plato de comida. ¿Un ensayo exige una salud imbatible y acérrima? Pensemos que no. Pensemos que para escribir ensayos (incluso ensayos argumentativos) también necesitamos una *irresistible salud pequeñita*. Y por supuesto que sí: el temblor en la mano me lo dispensa el psicoanálisis. Miren qué novedad.

En *Inteligencia del sueño*, la psicoanalista Anne Dufourmantelle ofrece otra entrada al problema del genio, aunque se trata de una entrada semejante a la que está varias páginas atrás en la alusión a Hartmut Rosa, pero acá me parece más clara. Esa transparencia no tiene que ver con que Rosa tenga una prosa opaca y Dufourmantelle una cristalina, sino que diría, a riesgo de equivocarme, que el ingreso al problema de Dufourmantelle porta un optimismo o quizá un deslumbramiento que no va a parar en el culto. Dejo dos nudos temáticos y enlazados entre sí para ordenarme.

El primero: cómo el genio nos conecta con lo impensable.

El segundo: cómo esa posibilidad de conexión permite que nos mantengamos a salvo.

Acerca de lo primero: el genio compone el «límite entre el mundo dado y el mundo que viene: novedad, evento, catástrofe, revolución. La humanidad se ha dado a sí misma estos mensajeros para tomar conocimiento de su relación con la vida en lo que esta tiene de increíble o de impensable». El hecho de que el genio invente una nueva regla –y acá hago el cruce con Kant– involucra que, de hecho, existe la posibilidad de una nueva regla: una promesa o acaso una esperanza. Y la condición de esa posibilidad es que corramos el horizonte representacional, que demos un salto hacia lo impensable. Y lo damos no sé si cotidianamente, pero nuestras intensidades no siempre se ajustan ni al mundo ni a las reglas que lo ordenan y de las cuales participamos; la potencia de la imaginación abre un intersticio, una ranura, una grieta fosforescente. Se trata del contacto con lo desconocido, con lo abierto –una zona no cercada: no jardín sino bosque y espesura; no laguna sino océano e inmensidad–, y del genio en cuanto intermediario entre lo humano y eso aún impensable, e impensado, de la vida. Y acá refulge una constelación de palabras: lo inaudito, lo singular, lo desconocido, lo ilegible, lo irrepresentable, lo indecible, lo no conforme a fin. Para Dufourmantelle, el genio es una figura de intercesión (intercede por nosotros «para que el sujeto pueda significar una palabra o un evento singular como no viniendo solamente de él») y diría también de intersección (un conjunto achurado entre lo que conocemos y lo que no). Es también lo que decía Raskólnikov pero en versión amable: los individuos ordinarios reproducen un orden, los extraordinarios producen desde la novedad y, por ello, los primeros son dueños del presente, mientras que los genios son dueños del futuro[8]. Desde una visión evolucionista, podríamos pensar incluso que los genios hacen *avanzar* lo humano. Desde una visión menos instrumental, podríamos pensar que el genio hace posible que lo humano se hunda en el pantano del misterio de lo humano: darle escucha a lo que imagina, a lo que desea, a lo que se pregunta y no puede responderse, a lo pulsional, y que fisura lo simbólico –en cuanto lo instaurado– y creativamente suscita movimientos a veces más discretos, a veces más violentos.

------

[8] La novedad, lo original ¿podría ser no la invención de algo *del todo* nuevo, como si sacáramos un conejo del sombrero, sino la constelación misma, la manera inaudita no de producir cosas sino de generar vínculos? Por ejemplo: sacar un sombrero del conejo –seguro esto alguien ya lo hizo–. La exigencia de la novedad nos envuelve en un manto excesivamente pesado que podríamos aliviar así: la novedad como una manera singular de establecer relaciones. Y es más o menos lo que hacemos escribiendo: con un material limitado (las palabras) escribimos cada vez obras diferentes. Se me viene a la cabeza el ejercicio que hace María Negroni en *Archivo Dickinson*: toma todas las palabras que Dickinson utilizó en sus poemas, elige las que se le hacen más próximas y con esas palabras previamente escogidas compone un libro. Las mismas palabras y, sin embargo, una obra diferente. He aquí la importancia de la sintaxis, de cómo las palabras se vinculan entre sí. Esta manera de ver la novedad me recuerda a *Contra la originalidad*, de Jonathan Lethem, un ensayo que no solo objeta el concepto de originalidad, sino que además lo hace mediante un texto compuesto por un cúmulo de plagios y apropiaciones de otros textos. El escritor como DJ o montajista, diría Marjorie Perloff, o el genio no original.

Acerca del segundo nudo: la posibilidad de ese contacto no nos hace perder la razón, como podría pensarse, sino al contrario: «El genio tiene en común con el sueño mantenernos con vida. Ambos permiten que la razón oficie. Nos dan permiso para no volvernos locos: de amor, de pena, de envidia, de muerte, de sexo, de celosía, de silencio, de ignorancia (...). Abren a nuestras pulsiones el teatro de una representación posible». Este hiato no deja de ser persuasivo: debido a que el genio abre la norma a la potencial emergencia de una nueva regla, y con ello se sumerge en lo impensado, nos sugiere –y acaso confirma– que nuestras vastas inundaciones e intensidades –lo que de nosotros *se corre* de la ley– tienen una *representación posible*. Es un bálsamo y un refugio, en alguna medida, que nos acompaña para mantener la cordura no mediante castración sino vía hospitalidad. Signa un germen de libertad –«hace que fracase todo dogma»– y con ello nos orienta a la alteridad, a la ajena y a la propia.

El genio, entonces, quizá pueda ser leído como un fármacon: nos mantiene cuerdos, en la medida en que permite que la razón oficie, y sin embargo con su culto perdemos la razón, hasta consentir que un genio pase por encima de un cadáver para el cumplimiento de sus ideas. Remedio y veneno a la vez. Y Dufourmantelle también apunta un riesgo, cuando reconoce una versión *new age* insípida, «que hace de la figura del genio una simple expresión empleada para todo, como si todo fuera "genial"». Es decir, la banalización de este vínculo que ella lee como vital. ¿No es también el cliché una banalidad? Después de todo, tal vez sí podamos volver al cliché, como decía Carson, porque los inicios de la narrativa acerca del genio, que son los que retoma Dufourmantelle –no voy a decir «su origen» o tendremos que escribir otro ensayo completo sobre eso–, nos muestran el campo magnético que se fue formando para atraernos masivamente en torno a una idea.

¿Cómo podríamos evadir lo desconocido?

¿Cómo no hacernos de una figura que interceda y que nos anude a lo impensable?

¿Cómo no buscar un grado de serenidad?

Abro un paréntesis (¿no ha sido acaso todo esto un paréntesis?): en este punto, se me cruza la figura del genio en la botella –que viene de otro imaginario, el oriental, aunque un francés la suma a *Las mil y una noches* mediante el personaje de Aladino, y el francés la escuchó de un cuentista sirio, así que digamos que su origen es indeterminado–. Se me cruza, decía, por el imaginario propio de alguien que nació en los ochenta y que pasó tantas horas frente a la tele mirando la infinidad de repeticiones de *Mi bella genio*. Recién noto lo

*Frotar la botella*

monótona que era la botella de Jeannie por dentro. Unos sillones bordeaban sus muros internos, cojines de colores, un fondo arabesco. El genio está atrapado en la botella, como en la canción de Christina Aguilera, y la maldición le exige permanecer en un adentro que se asemeja a una sala de espera oriental en miniatura. Dónde se despliega el genio entonces: en el mundo sensible (presiento que Jeannie cada vez que estaba dentro de la botella se aburría, como si estuviera en una suspensión y en la expectativa por salir). De hecho, tenemos que frotar la botella –¿puede acaso ser más literal?– para que el genio emerja, emergencia que requiere el contacto con lo humano. En ese contacto aparece lo maravilloso, lo inaudito, lo imposible: el cumplimiento de los deseos. El humano lo arruina todo y qué pide: dinero, mujeres, inmensas riquezas, poder (siendo más precisa con el mayor Nelson, él la libera y se enamoran, aunque la relación no deja de ser servicial o deudora y la permanencia de Jeannie no deja de ser disruptiva en el cotidiano de Nelson). Esta versión medio *kitsch* del genio puede funcionar de argumento para la tesis de Dufourmantelle: se trata de una figura que intercede entre lo humano y lo desconocido. Conforma un *entre*. En esa intersección se desenvuelve, esa intersección hace que cobre sentido. Cierro el paréntesis.

Habitamos un mundo que, a pesar del cliché, no está edificado en la fe, en lo divino o en la locura como dinamismo; se trata, por el contrario, de un mundo en el cual, como decía Nancy, los dioses se han retirado y, agrego, la administración de la locura es institucional. Visto así, y llevado a la poesía, Mattoni se pregunta: «¿Qué puede sustituir al dios para provocar poemas o locura (...)? Nada, quizá. Salvo que creamos en lo único que nos mantiene todavía separados relativamente de la repetición maquínica de todas las cosas, salvo que eso que no nos pertenece pero que nos dicta lo que somos tenga la potencia de inspirar y de enloquecer; me refiero al lenguaje». Mattoni no despeja el problema de lo desconocido, su giro más bien vehicula el asunto, en el campo de la poesía, hacia sus propios materiales: la lengua. Ubica en el centro de la poesía a la lengua. Ya sin dioses, sin musa, sin locura, ¿qué nos da el impulso vital para seguir escribiendo? El lenguaje. «¿Qué es? No un instrumento, ni un medio de comunicar, ya que entonces se requeriría que existiera previamente un objeto transmisible, un sujeto que lo transmita, el otro que recibe la transmisión; y son todos efectos del mismo lenguaje, que designa el objeto, indiferenciable sin él, que funda al sujeto, que es producto de la instancia lingüística del yo, que pone al otro en su lugar»; es decir, acá sí despeja algo:

la relación de calce entre las palabras y las cosas (y el yo). Ahí donde desesperados buscábamos la reunión entre el mundo y los nombres, vislumbra, igual que Montalbetti, que la escritura ocurre entre nombres y nombres. Queda entonces la cuestión de la alteridad, una fuga en este sistema aparentemente tan apretado: «El lenguaje es otro, ajeno, existía antes de que mi cuerpo se formara, y todo lo que soy está dicho en sus palabras, acaso podría decirse que ya estaba dicho antes de mí, porque antes de mí la lengua decía "yo", y no era yo. El lenguaje, que no está en el cerebro, viene de afuera, se aprende, se olvida cómo; entre sus intersticios, en su manera de hacer silencio, nos recuerda que alguna vez no existimos. En su ritmo, en su precipitación hacia adelante, en su necesidad del final, nos avisa que tendremos, sí o sí, una experiencia imposible». Poner el material de columna: labramos el lenguaje y el otro es el lenguaje. Ya no «yo es otro» –aunque también–: lenguaje es otro. Y empiezo a ver un punto ciego en las críticas, que habitualmente se me hacen caprichosas, hacia la metaliteratura, la reflexión sobre el lenguaje en el poema, la poesía que se curva hacia sí misma o que piensa sus materiales, como si le reclamáramos a un poeta medieval porque escribe sobre lo divino. Sin dioses, sin musa, sin locura, sin genio, experimentamos un cuerpo a cuerpo con la lengua.

Y queda el artesano
con un nudo en la garganta
hecho de lenguaje.

# Obras citadas

Agamben, Giorgio. «Genius». *Profanaciones*. Traducción de Flavia Costa y Edgardo Castro. Buenos Aires: Adriana Hidalgo, 2009. 5-17.

Arnaldo, Javier. «Introducción». *Fragmentos para una teoría romántica del arte*. Madrid: Tecnos, 1994. 9-41.

Bernstein, Charles. «El artificio de la absorción». *L=A=N=G=U=A=G=E. ¡Contraataca!* Traducción de Mayra Luna y Heriberto Yépez. Ciudad de México: Aldus, 2013. 121-207.

Buck-Morss, Susan. *Hegel y Haití. La dialéctica amo-esclavo: una interpretación revolucionaria*. Traducción de Fermín Rodríguez. Buenos Aires: Norma, 2005.

Carson, Anne. *Variaciones sobre el derecho a guardar silencio*. Traducción de Soledad Marambio. Santiago: Cuadro de Tiza, 2016.

Deleuze, Gilles. «La literatura y la vida». *Crítica y clínica*. Traducción de Thomas Kauf. Barcelona: Anagrama, 1996. 11-19.

Didi-Huberman, Georges. *Imágenes pese a todo. Memoria visual del Holocausto*. Traducción de Mariana Miracle. Barcelona: Paidós, 2004.

Dostoievski, Fedor. *Crimen y castigo*. Traducción de Augusto Vidal. Barcelona: Ediciones B, 1991.

Dufourmantelle, Anne. *Inteligencia del sueño. Fantasmas, apariciones, inspiración*. Traducción de Fernanda Restivo y Karina Macció. Buenos Aires: Nocturna Editora, 2021.

Duras, Marguerite. *Emily L.* Traducción de Clara Janés. Barcelona: Tusquets, 1995.

Ferber, Ilit. «La violencia del lenguaje: Herder y Sófocles». Traducción de Amanda Olivares. *Escribir la violencia. Hacia una gramática del grito.* Santiago: Metales Pesados, 2019. 21-39.

Genovese, Alicia. *Leer poesía.* Buenos Aires: Fondo de Cultura Económica, 2011.

\_\_\_\_ *Sobre la emoción en el poema.* Santiago: Cuadro de Tiza, 2019.

González, Betina. *La obligación de ser genial.* Buenos Aires: Gog y Magog, 2021.

Heaney, Seamus. «De la emoción a las palabras». *De la emoción a las palabras. Ensayos literarios.* Traducción de Francesc Parcerisas. Barcelona: Anagrama, 1996. 39-66.

Hegel, Georg W. Friedrich. *Lecciones sobre la estética.* Traducción de Hermenegildo Giner de los Ríos. Madrid: Mestas Ediciones, 2003.

\_\_\_\_ «Autosuficiencia y no-autosuficiencia de la autoconciencia; dominación y servidumbre». *Fenomenología del espíritu.* Traducción de Gustavo Leyva. Ciudad de México: Fondo de Cultura Económica, 2019. 95-101.

Kant, Immanuel. *Crítica de la facultad de juzgar.* Traducción de Pablo Oyarzun. Caracas: Monte Ávila Editores, 1991.

Kristof, Agota. *La analfabeta.* Traducción de Juli Peradejordi. Barcelona: Obelisco, 2006.

_____ «No me interesa la literatura». *El País*. Recuperado de https://elpais.com/diario/2007/02/24/babelia/1172277550_850215.html

Lerner, Ben. *El odio a la poesía*. Traducción de Elvira Herrera Fontalba. Barcelona: Alpha Decay, 2017.

Levertov, Denise. *Pausa versal. Ensayos escogidos*. Traducción de José Luis Piquero. Madrid: Vaso Roto, 2017.

Lyotard, Jean-François. «Lo sublime y la vanguardia». *Lo inhumano. Charlas sobre el tiempo*. Buenos Aires: Manantial, 1998. 95-110.

Mattoni, Silvio. *Tekhné*. Santiago: Cuadro de Tiza, 2018.

_____ «Antonin Artaud: para terminar con el juicio», «César Aira: la poesía del novelista». *¿Qué hay en escribir? De Maurice Blanchot a Fernanda Laguna*. La Plata: Madriguera, 2021. 139-163, 235-268.

Meschonnic, Henri. «Manifiesto por un partido del ritmo». *Trazo freudiano*. Recuperado de https://trazofreudiano.com/2015/09/17/manifiesto-por-un-partido-del-ritmo/

Montalbetti, Mario. *Sentido y ceguera del poema*. Santiago: Bisturí 10, 2018.

_____ *El pensamiento del poema*. Santiago/Arica: Marginalia/Cinosargo, 2019.

Nancy, Jean-Luc. «Escritura». *La partición de las artes*. Traducción de Cristina Rodríguez Marciel. Valencia: Pre-Textos, 2013. 43-184.

_____ *¿Un sujeto?* Traducción de L Felipe Alarcón. Buenos Aires: La Cebra, 2014.

Nietzsche, Friedrich. *Humano, demasiado humano*. Traducción de Jaime González. Ciudad de México: Editores Mexicanos Unidos, 1986.

Oppen, George. *De ser numerosos*. Traducción de Hugo García Manríquez. Arica: Aparte, 2019.

Paz, Octavio. «La inspiración». *El arco y la lira*. Ciudad de México: Fondo de Cultura Económica, 2018. 157-181.

Pizarnik, Alejandra. *Poesía completa*. Buenos Aires: Lumen, 2003.

Potestà, Andrea. «La escritura del grito». *Escribir la violencia. Hacia una gramática del grito*. Santiago: Metales Pesados, 2019. 41-54.

Pound, Ezra. «El artista serio». *Ensayos literarios*. Traducción de Julia J. de Natino y Tal Pinto. Santiago: Tajamar, 2013. 69-89.

Power, Kevin. «Ezra Pound». *Una poética activa. Poesía estadounidense del siglo xx*. Traducción de Álvaro Carrasco y otros. Santiago: Ediciones Universidad Diego Portales, 2009. 27-43.

Rancière, Jacques. «Entrevista a Jacques Rancière: "Desarrollar la temporalidad de los momentos de igualdad"». *La noche de los proletarios. Archivos del sueño obrero*. Traducción de Emilio Bernini y Enrique Biondini. Buenos Aires: Tinta Limón, 2010. 7-15.

_____ *El maestro ignorante. Cinco lecciones sobre la emancipación intelectual*. Traducción de Claudia Fagaburu. Buenos Aires: Libros del Zorzal, 2007.

Rodríguez, Federico. «Centaurus. Para una ontología poética de la violencia». *Letal e incruenta. Walter Benjamin y la crítica de la violencia*. Santiago: Lom, 2017. 107-153.

Rosa, Hartmut. «La fuerza del arte». *Resonancia. Una sociología de la relación con el mundo*. Traducción de Alexis E. Gros. Buenos Aires: Katz, 2019. 362-283.

Ruefle, Mary. *Sobre la imaginación*. Traducción de David Villagrán Ruz. Santiago: Cuadro de Tiza, 2018.

_____ *¿Por qué no beso bien?* Traducción de Ezequiel Zaidenwerg. Buenos Aires: Zindo & Gafuri, 2018.

Santa Cruz, Guadalupe. *Ojo líquido*. Santiago: Palinodia, 2011.

Tabarovsky, Damián. *Literatura de izquierda*. Santiago: Das Kapital/Libros La Calabaza del Diablo, 2015.

Valéry, Paul. «Palabras sobre la poesía». *Teoría poética y estética*. Traducción de Carmen Santos. Madrid: Visor, 1990. 135-156.

Williams, William Carlos. Entrevista de Stanley Koehler. Traducción de Teresa Arijón. Recuperado de http://hdl.handle.net/11185/2397

Wittgenstein, Ludwig. *Investigaciones filosóficas*. Traducción de Alfonso García Suárez y Ulises Moulines. Ciudad de México: Instituto de Investigaciones Filosóficas de la Universidad Nacional Autónoma de México, 1988.

Woolf, Virginia. *Orlando*. Traducción de Jorge Luis Borges. Buenos Aires: Edhasa, 2018.

# Agradecimientos

Este libro fue un trabajo colectivo. Podría dividir el texto en unidades y recordar con quién hablé cada una. Las huellas de las conversaciones que hacen posible un libro, me dijiste. Esta conversación presencial, por mail, por chat, por audios, por cámara, de a dos, de a grupos pequeños, de a doce, de a veinte, en clases donde fui alumna y también donde oficié de profesora y en clubes de lectura sin guía más que la intuición, en directo, en diferido, se inició gracias al espacio de los talleres de escritura que modero, así que les agradezco a esas curiosidades que me empujaron a pensar. También a quienes leyeron o escucharon una primera versión y a quienes leyeron el manuscrito final. Y a mi papá que, sentado en su auto, cuando ya estaba oscuro y me traía de vuelta a casa, me explicó la diferencia entre superdotado y genio. Y a aquellos que, como él, se interesaron en lo que estaba pensando desde los afectos. Algunos nombres propios: Victoria Valenzuela, Rodrigo Arroyo, Víctor Ibarra B., Nadia Prado, Silvio Mattoni, Victoria Odekerken, Enrique Winter, Rudy Pradenas, Federico Galende, Alejandra Costamagna, Jorge Polanco, Valeria Tentoni, Mario Montalbetti, Silvana Vetö, Nurit Kasztelan, Alicia Genovese, Rocío Álvarez, Francisca Vera.